闇社会犯罪 日本人vs.外国人

悪い奴ほどグローバル

丸山ゴンザレス
犯罪ジャーナリスト

さくら舎

はじめに――犯罪はボーダーレス化した

渋谷と新宿の間ぐらいにある閑静な住宅地のコンビニエンスストア。その脇に伸びている路地を、一人の男が通行人をかき分けるように乱暴な足取りで駆け抜けていた。すぐ後ろからはコンビニの制服を着た男二人が追走する。

殺気立っている様子が伝わり、異変を察知した通行人が、男の進路を阻《はば》み数名で取り押さえた。

「#$%&=+>_=&%$#!!」

意味不明な叫び声（少なくとも私にはまったく理解できない奇声だった）と激しい男の抵抗を数名でおさえつけていると、ほどなくして警察が登場した。

「静かにしろ」

「おい、抵抗するな」

警察が手錠をかけても、なお男は暴れようと抵抗を続ける。

しばらく様子を見ていたが、男の抵抗は弱まるばかりか、いっそう強まっていくばかり。埒《らち》があかないと判断したのだろう。警察は男をパトカーに強引に押し込んだ。その際にも、さきほどと同じような奇声をあげ続けていた。

大声で叫び続ける男が乗ったパトカーが現場を走り去って、ひと段落したと思ったら、今度は関係している人たちに警察が事情聴取しはじめた。

内容にそれとなく聞き耳をたてていると、推測混じりではあるがおおよその事情がわかった。客として来た中国人の男がコンビニの会計時に突如として逃亡。中国人店員が追跡して、警察に通報したのは接客していたベトナム人留学生だった……ということらしい。

あの奇声と奇行を目の当《ま》たり《あ》にすると、そんな単純な事件だったのかと思うし、もっと複雑な背景がありそうな気もする。それでもうやむやになってしまうのだろうと推測できる。

その理由は単純だ。この件に関係した人のほとんどが外国人だったからだ。コンビニに限らず、外国人の店員と客がいる光景など、いまの東京では決して珍しいものではないだろう。

私は犯罪ジャーナリストとして昼夜問わずに東京を歩いて取材をしている。街に出てみれば、いかに外国人が多い国際都市としての顔を持ちつつあることがよくわかる。東京に限らず国際的な街のルールは、多国籍な人間たちによって作られているからだ。

経済大国化する中国と発展を続ける東南アジア諸国に囲まれた日本は、そんなルールが適応される東アジア随一の都市のひとつである。そこで起きる悪い奴らの企《たくら》みは、もはや日本国内だけで完結するような犯罪だけではなくなっている。

それなのに犯人や関係者というだけで、どこか釈然《しゃくぜん》としない結末をむかえてしまう事件もある。また取るに足らない事件として、世間に知られぬまま忘れ去られてしまうこともあるだろう。このあたりの理由は本書を通じて明らかにしていくのだが、この逆の現象が起きていることも忘れてはならない。外国に出た日本人が、彼《か》の地で犯罪を起こしたり、巻き込まれたりするケースというのが、存外増えてきているのだ。また、数量だけでなく、特異な事件を引き起こしたりすることもある。

日本人と外国人の間でいったい何が起きているのか、日本人が海外でどんな立場にあるのか。我々が知らないところで、勝手に進行させておくわけにはいかない。

国際犯罪や越境《えっきょう》犯罪などと様々な名で呼ばれるような犯罪が大きく関わり、それを理解するには世界を舞台にした犯罪のボーダーレス化ともいうべき枠組みと、そこのなかで何が起きているのかを知る必要があるだろう。そして、それはすでに日本を舞台にしたものに限定されないのだ。

そのことをよりわかりやすくお伝えするべく、本書では、私が歩いてきた国内外の外国人犯罪の舞台や関係者と接触した際のエピソードを軸として、現代の越境する犯罪を読み解いていこうと思う。

目次

第2章　日本のなかの外国人犯罪

第3章　日本で暗躍する外国人

第4章　外国人の裏風俗

第5章　世界を舞台に悪さをする日本人

第6章　日本人が接点を持ちやすい海外犯罪

闇社会犯罪　日本人VS.外国人――悪い奴ほどグローバル

第1章　世界の闇社会と犯罪組織

1　東南アジア危険地帯に潜《ひそ》む驚愕《きょうがく》の闇社会

テロ組織活動拠点スラバヤ

イスラム過激派組織のイスラム国ことＩＳＩＬが世界中で猛威《もうい》をふるいだしたのは周知の通り。イラクとシリアを活動拠点の中心にしていたはずの組織が、いまや世界中に影響を及ぼしており、カオスの中心軸のひとつとなってしまっている……のだが、日本にいるとＩＳＩＬはもとより、テロ組織や犯罪組織というものをリアルな危機として肌で感じることは、実際のところないように思う。

それはもちろんいいことだし、平和であることは責められるべきことではない。そもそも危険な空気を実感するために、本拠地であるイラクやシリアに乗り込んでいくにはリスクが高すぎる。ジャーナリストを生業《なりわい》にしている私は、そんな考えもありながら、日本人の危機意識を奮い立たせる大義名分を振りかざすことで通過させようとした企画があった。

それが、ジェマ・イスラミア（以下、ＪＩ）の取材である。この組織が活動しているのは、インドネシアである。日本人にとって中東よりは身近なエリアであるし、東南アジアならばなんとかなるかもという甘い見通しもあった。今思えば、この発想自体が危機意識の欠如《けつじょ》だと思わざるをえないのだが……。

実際に取材に赴《おもむ》いたのは、2015年の頭頃。インドネシアの首都ジャカルタに入った。日本から7～8時間ほどで到着する。時差は2時間。東南アジアのなかでも経済発展が著《いちじる》しく、日系企業も多数進出している。おまけに日本人観光客も多い。ただし、ジャカルタとは対極の位置にあるバリに大半が流れている。

この国で活動拠点を置いているJIは、ISILと連携している組織で、東南アジアを拠点にして中東へ人員を送るためのリクルート活動をアシストしていることでも知られていた。その組織の実情を探るとはいったものの、現地を訪れてみると、駐在している友人や長期滞在中の知り合いなどから教えられる情報はほとんどない。

「知るわけねえだろ」と一蹴《いっしゅう》される始末で、どうにも八方塞《はっぽうふさ》がりだった。そして、いきついた結論は、どうやらカタギの人間とテロ組織の接点は皆無である、ということ。このあたりは、どこの国でも一緒だろう。日本だって、外国人が東京駅前あたりで「ヤクザしりませんか?」「半グレにあわせてください」と叫んでいたら、頭のおかしい人として一蹴されてしまうだけだ。

さすがに一般市民レベルでテロリストの情報を求めるのは無理がある。とはいえ、これまでにJIが実行してきた活動は調べられる。現在、イスラム過激派の活動地点として注目されている場所がインドネシア国内にはいくつかあり、日本人にもお馴染《なじ》みのジャカルタやバリは、200

2年のバリ島爆弾テロや2009年のジャカルタのJWマリオット・ホテルとリッツ・カールトン・ホテル連続爆破事件などのテロの舞台となっていたこともある。インドネシア政府が重点的にイスラム過激派を排除し警戒しているため、現在、JIは弱体化したともいわれているようだ。

国土の大半が島から構成され多民族国家ということもあり、なにかにつけても統一感に欠ける。テロ組織とて例外ではなく、JIから分派してジェマ・アンシャルト・タウヒドという新たな過激派が生まれたり、そのほか小規模組織が乱立している状態になっている。とはいえ、本質的なテロ組織の性質は変わっていないそうだ。

そんななかで注目されている都市がある。ジャワ島東部の商業都市スラバヤである。300万人が暮らす大都市でISILに外国人戦闘員を送り出す拠点となっていたのだ。2014年に慈善団体を名乗るJI傘下の「インドネシア・ヒラル・アフマル協会」のアブ・フィダ（別名サイフディン）と呼ばれる人物が戦闘員となるべく若者を勧誘し、50人から200人ものインドネシア人をシリア領内に派遣していたことが明らかになった。

ほかにもシリア支援を掲げて寄付金を数千万ドル集め、ISILに送金しているとも伝えられている。とはいえ、世界的に注目を集めるISILとの繋《つな》がりがある組織が国内にあるのは、政府としてもメンツに関わる。そのため警察の特殊部隊の介入によって、現在は壊滅《かいめつ》したとされていた。

ところが2015年1月、日本領事館からインドネシア在留邦人向けに注意喚起が告知された。

「スラバヤの米国系ホテル及び銀行に対する潜在的脅威についての注意喚起」と題された告知内容は、テロが起きる可能性を視野に入れて巻き込まれないように注意しろというものだったのだ。

この取材の本命はスラバヤである。

どうせ喚《わめ》くなら、敵陣のど真ん中である。東京駅よりも歌舞伎町で、「悪い人に会いたい」と言っていたなら、「ちょっと来い」と言われる可能性も、もしかしたらあるかもしれない。そう考えたのだ。

ジャカルタから国内便で約1時間。それでも街の雰囲気は一気に変わった。ジャカルタが東京23区なら、第2の都市と言われるスラバヤは、政令指定されていない地方都市ぐらいの規模。発展に格差がありすぎるように感じた。

しかし、これは願ってもない状況である。

悪い人というのは、都会だと紛《まぎ》れてしまいがちだが、田舎では目立つ存在となっているため、アクセスしやすい。もしかしたら奇跡もありうるかもしれないと、淡い期待をいだいたまま、到着早々に街に繰り出したのだった。

スラバヤでテロ組織に接触&拉致未遂⁉

どれだけの危険があるのかと思い実際にスラバヤ市内を歩いてみたが、アメリカ系のホテル、企業、銀行はいたるところにあるが（意外なほど都会でした）、特別に警戒している様子もない。

ところが、現地の駐在員の友人からは意外な状況を教えられた。

「日本の本社からアメリカ資本のホテルに宿泊するのは避けるようにとの通達がでているんだよね。一応、現実的な脅威ってことになっているみたい」

滞在中の外国人が狙《ねら》われるケースは、北アフリカで頻発するテロを見てもあり得ることなので、企業としては当然の対処といえるのかもしれない。一方で地元の人達はテロに対してどのような警戒をしているのだろうか。

そのことを確かめるため、スラバヤ市内のアラブ人街やモスクなどで「テロ組織についてなにか知っていることはありますか？」と聞き込みをしてみた。

やはりというか、当然のようにどの人も一様に「知らない」や「テロは良くない」と返事するだけ。標的になる可能性が示唆《しさ》されていたJWマリオット、シェラトン、シティバンクなどアメリカ系企業の建物も特に警戒している様子はなかったのは、さすがに「多少は警戒しなさいよ」と突っ込みたくもなった。

仕方なしに裏社会に通じていそうな人のいる場所に移動することにした。

スラバヤには2013年末に閉鎖された東アジア最大の売春窟「ドリー」がある。2000とも3000とも言われる置屋が立ち並ぶ歓楽街。この街の裏社会の象徴でもあった。そこが閉鎖されたとはいえ、この手のいかがわしい場所にはアングラシーンに通じた者達が集まるだろうと予想したのだ。

東アジア最大の売春窟だった「ドリー」

市内の中心部から車で20分ほどの位置にあるドリーは、廃屋《はいおく》となった店舗が連《つら》なるだけの寂《さび》れきった場所になっていた。それでも娼館以外に住宅もあるため、人影はまばらながらある。肩透かしを食らった感は否《いな》めず、緊張感は完全に失われていた。

「ジェマ・イスラミアを知っているか？」

「ＩＳＩＬについてどう思う？」

本来ならば警戒心を怠《おこた》ってはならない場所で、これまで何度も繰り返してきた不躾《ぶしつけ》な質問を堂々と通行人たちを捕まえて聞きだしたのだ。もともと人通りの多くないエリアなので質問する相手もすぐにいなくなった。

これ以上続けていても仕方ない。そう思って、もう切り上げようとした次の瞬間だった。

不意に目の前に男が飛び出してきた。

「ハイ！　フレンド」

突如後ろから声をかけられ、振り返った瞬間にスマホで写真をとられたのだ。予想外のことが起きて、すっかり固まっている私をよそに、男は慣れた手つきでスマホを操作している。チラッと見えた画面では写真をどこかに送信している感じだった。

一瞬でやっかいごとに巻き込まれたことを理解した。

「ワッツ？（何？）　ホワィ（なぜ）？」

意味がわからないということと、相手を非難する感情を込めて語尾を強めに返事をしつつも、体は完全に逃げ出すモードに入っていた。

ところが、男の動きは速かった。

「こっちに来い」

そう言って腕を摑《つか》まれ、路地裏に引きずり込まれたのだ。そこには何人かの男たちがたまっており、私のことをジッと注視してくる。

「女を買いに来たわけじゃないのか？」

無造作《むぞうさ》に置かれたベンチに座る男が質問をしてくる。

私はすぐさま答えた。

「もちろんだ。カラオケが目当てだ。女が欲しい」

取材目的で聴きこみをしていたなどと明かすほどバカ正直ではない。それでも、返事を額面通りに受け取らず、こちらを怪しんでいるのがわかる。時間が経てば経つほどに不利になる。

勢いをつけてすぐにその場を離れようとすると、こっちを見ていただけの男たちが一気に距離を詰めて迫ってきた。なかには私のことを摑《つか》みにかかってくる奴もいたが、強引に振りきってその場を走り去った。

混みいった道でも、連中にしたら庭のようなものだろう。とにかく大通りに出ないといけないと、うろ覚えの地理を頭に引っ張りだして走り抜けた。

現場を逃走する鉄則は、〝とにかく後ろを振り向かない〟である。

必死の逃走は、ようやく車通りのあるところに出たところで終わりを迎えた。

幸いにもタクシーが目の前を流していたので、すばやく乗り込むことができたからだ。それからは、ホテルにすぐに戻らず（念のための尾行を警戒した）、街の中心部にあるショッピングモールに行った。

店内をぐるぐるとまわって、食事をとり入ってきたのとは別の小さなゲートから外に出た。〝念のため〟をいくつも重ねた逃走劇は、こうして幕を閉じたのだ。

この体験をインドネシアに長く暮らす日本人の知人に話したところ、まったく笑えない解説をされてしまった。

「インドネシアのムスリムたちは争いを避けるが、別に甘いわけではない。もしかしたら、ＩＳＩＬに傾倒した人物が過激な思想にもとづいて、嗅《か》ぎまわっている外国人を排除しようとしたのかもね」

たとえ過激派の構成員でなくても、そこに繋がる人々は多いし、地域ネットワークも日本に比べてはるかに密接なところだということを肝《きも》に銘《めい》じる必要があるだろう。それにしても、逃走で気をつかうなら、インタビューする段階でもっと慎重になるべきだったのではと、いまとなっては考えざるをえない。

フィリピンの裏産業・銃の密造工房に潜入

フィリピンのある場所には、裏の産業として銃の密造を生業《なりわい》とする地域がある。

２０１０年頃に欧米のジャーナリストが取材した記事が日本のネットのまとめサイトに転載されて、一部のネットユーザーの間でも「職人がものすごい手作業で銃を密造している」などと題されて話題になったのだ。

この記事を目にしたことがあったのと、フィリピンの密造銃が日本の裏社会では知られた存在であったこともあって、私はその製造現場に潜入取材を試みたことがある。そこで密造銃と犯罪組織の意外な繋がりを知ることになった。

密造が行われている場所はフィリピンのセブ島。中心地セブシティから30キロほど離れたDという街に密造村はあった。

事前に調べたときには、ネットニュースで「いたるところで作っている」と書いてあったこともあって、簡単な取材とたかをくくっていた。だが、いざ行ってみると実際はそれほど単純ではなかった。タクシーは基本的にセブシティを離れてくれないのだ。離れるとなると一日チャーターするか、帰路分の料金を払わないと乗せてくれない。

金の問題かと思う人もいるだろうが、これは足の問題なのだ。取材で現地の足を確保できるかどうかは、かなりの生命線である。特にDは用事もなく行くような場所ではない。特別な観光資源もない小さな港町に外国人がウロウロしていれば、それだけで目立ってしまう。

結局、無駄に金を支払うのは仕方ないとあきらめて、タクシーをチャーターした。

午前中にセブシティを出たのでDに到着したのはお昼前。そこであてにしていたのは、フィリピンで働く日本人の紹介で知り合った地元の人だった。その人を介して取材にあたることにした。

まずはDで飲食店を経営している人物を紹介された。その人の伝手《つて》でどこまで辿り着けるのか疑問ではあったが、30代でレストランを経営しているのだから、地元での交友関係も広いということで期待はしていた。

ところが、話を始めるやいなや、淡い期待が崩れ去った。

「この街で銃を作っているそうだが知らないか？」

「聞いたことはあるが、詳しくは知らない」

　このレストラン経営者は、知っていそうな知り合いを紹介してくれたものの、それからどこへ行ってもこれと同じやりとりが繰り返されるだけ。誰に聞いてもことごとくうまくいかないのだ。途中、密造工房を直接知っている人にも出会うことはできたが、電話してもらって工房の人に取材したいと伝えてもらうとあっさり断られてしまった。

　日本で仕入れたネット情報では、地元の名産ぐらいに言われていたが、どうやら密造銃は相当にシークレットかつデリケートな存在であることがわかった。たしかに明確な法律違反なのだから、仕方ないだろう。

「外国人には特に見せられない。10年ぐらい前に来た外国人がニュースにしたので広く知れ渡ったからだ」

　取材がうまくいかない理由について、仲介を頼んだ地元の人間はこのように説明してくれた。そこで、私は方針を転換。最悪撮影できなくてもいいので、観光として見せて欲しいということにしたのだ。もちろん謝礼は払うと約束した。

「見学」と「謝礼」を前面に出したことで事態は急転した。一軒だけだったが、製造現場を見せてくれる工房があるというのだ。バイクに先導されて案内された場所は、Dの中心部から車で30分ほど山間部に入った場所。周囲の民家はほとんどなく、観光客どころか住人以外の人間も皆無

密造銃。削り出された銃身が生々しい。

だった。

密造銃と犯罪組織の闇の繋がり

工房は村の外れに位置していた。周囲の視界を遮《さえぎ》るように木々が生い茂り、建物の前には自転車やバイクが置かれ、洗濯物も干してあった。生活空間と工房が一緒になっていることから、住居を兼ねていることがうかがえた。

坂道を登っていくと、「カンカン」と金属を叩く音が響き渡る。この場所が工房であることがわかったが喜びよりも、緊張感でいっぱいだった。

坂道を登り切ると目の前に掘っ立て小屋があり、中には職人と思《おぼ》しき壮年の男性が一人いた。彼が職人だという。握手と挨拶をして「自分は日本からの観光客で銃マニアのため見学をしたい。できれば写真も撮らせてもらいたい」と一気に伝えた。

男は少し黙ったあとで「ＯＫ」と言った。

撮影許可を得たことで、工房の写真を撮影しつついくつか質問をぶつけていった。もちろん怪しまれない程度にだ。値段や製作期間などは普通に答えてくれたが、次の質問で急に場が凍りついた。

「誰が買いに来るの？」

「あ……」

「内緒にするから教えてよ」

ここまできたらこっちだって後には引けない。どんな答えが来るのか、むしろ楽しみになっていた。

「アブ・サヤフ……、ジェマ・イスラミア」

東南アジアの反政府勢力でテロリストとされるグループの名前をはっきりと口にした。その単語が理解できた瞬間、私は「そういうことだったのか」と膝を打った。買い手が非合法であるからこそ、取材が難しいということだったのだ。

このような拳銃製造に携《たずさ》わる職人たちや、その周囲にいる不良たちは、警察の摘発を恐れている。しかしそれ以上に恐れるのは、こうしたテロ組織による報復行為だろう。なにせ警察に摘発されてクライアントのことを話せば、自分がテロリストたちの標的にされかねない。

いまは少し弱体化したともいわれる東南アジアのイスラム過激派組織だが、納品先として名前の挙がったＪＩなどは、２０１５年１月にフィリピンを訪問したフランシスコ・ローマ法王を狙った暗殺計画を企てていたほど攻撃的な組織だ。

警戒しすぎるということはないのだろう。拳銃製造工房をとりまく現状がいかに厳しいものであるかが、うかがい知れた取材だった。

2　国際犯罪都市バンコクに進出する日本人

なぜ日本のヤクザはバンコクを目指すのか?

「バンコクに裏社会なんてあるのかな?」

こんな疑問をもって調べはじめたのが、ここ最近の出来事である。

過去の経験のなかにいくつか思い当たることはある。まだ学生だった頃に、初めて訪れた時に友人がパスポートを盗まれたことをきっかけにして、「どこかに売られているはずだ」との仮説を証明するためにあちこち聞きこみに回ったことがあった。

「そういうことを聞いて回るとギャングに殺されるよ」

その際に地元の人間から脅し半分に言われた言葉がずっと記憶に残っていたのだ。いずれバンコクの裏社会について調べてみたいと思い、何かを耳にすると少し調べてみるといった具合で続けてきたのだ。

別にノスタルジックな気分に浸《ひた》りたいわけではなく、東南アジアにおけるバンコクの占める地位は重要である。地理的に中心にあるだけでなく、周辺国とのハブとなりえるからだ。そのため裏側を知ることができたら東南アジアの裏側が立体的に見えてくると思うのだ。それにバンコクの裏社会は日本人にとっても無縁ではない。

そもそもタイは、人気観光地であるだけでなく日系を含む外国企業が数多く集まっている。なかでもバンコクは在留届を出しているのが4万人、長期滞在や無許可でオーバーステイしている人まで含めると10万人もの日本人がいるとされている。東南アジアでは最大級の規模なのだ。

その日本人を顧客にした市場を目当てに観光やビジネスのみならず、風俗産業やドラッグ密売、資金洗浄（マネーロンダリング、略してマネロン）など裏の商売もチラつく。裏の商売を運営するために、一定数の裏社会の人物が紛れ込むのは至極当然のことといえるだろう。つまり、裏社会が吸い付くだけの旨味《うまみ》があるということでもある。

過去に何度かタイの裏社会取材を重ねてきたのだが、なかなかキーマンになるような人物に接触できないのが現状であった。実際に暮らしている人たちならば何か知っているかもしれないと、バンコクで風俗店を経営しているTさんに裏社会の存在について聞いたことがあった。

「日本のヤクザはこっちでどんな商売しているんですかね」

「そりゃあ、いろいろやってるだろう」

日本人が多く集まる風俗街タニヤで商売をしている人物で、50代に入ったばかり。元バリバリのヤクザだったということは知っている。過去に関西で取材したことがあり、その縁で時々会っている。

「それって、どんなビジネスなんですか？」

バンコクの色街・ナナプラザにて

「日本とやってることは変わらないかな」

「そんなに変わらないというと……薬、女、あとはなんです？」

「お前、裏社会取材のジャーナリストだろ。それぐらい調べておけ」

「それを調べにTさんに会いにきたわけで……教えてもらえませんか」

さすがに虫のいい話だが、彼のようにとっかかりとなる存在がいないと海外の裏社会取材をすることは現実的に難しい。そういう相手には遠慮なく食らいつくことにしている。彼の経営するお店で何本目かのビールを頼んだところで、さわりだけだが教えてもらうことができた。

「フロント企業と同じだよ。資金洗浄がメインでさ。表向きの商売は両替所とかかな。そのへんにいっぱいあるだろ。エクスチェンジ（両替所）がさ。あとは日本食屋とか、風俗店とかさ」

たしかにバンコクのような国際観光都市ならば両替屋は腐るほどあり、実際商売として成り立っているのだろうかとこちらが心配になるようなところもある。余計なお世話かもしれないが、地味に心配していたものだ。

「まあ、こんなところだ。あとは自分で頑張りな」

さすがにしゃべりすぎたと思ったのだろう。Tさんは完全にこの話題を終わりにしてしまった。その後もあちこちで取材した内容をぶつけては、確認させてもらったが、そんなTさんとも数年前から音信不通である。彼の店を訪ねてみたが、跡形もなくなっていた。

トラブルがあったのか、単に業態転換したのか。連絡もなく消えてしまった彼のことを探す術《すべ》はないものの、こうして突然消えてしまう日本人というのはバンコクではそれほど珍しいことではない。

ある種のデタラメさ、いい加減さを許容する風土がタイにはある。そういうところもあいまって、バンコクの裏社会に進出してくる日本人がいるのかもしれない。

では、バンコクの日本人裏社会では、具体的にどんな人が、どんな活動をしているのか。

日本のヤクザ組織からタイに来ている人だったり、日本でなんらかのトラブルを起こして逃亡してきた人、元ヤクザで日本から移住してきた人など、様々な可能性が考えられるのだが、確定的なことはわかっていない。それでも、怪しげな人たちが同じ日本人を相手にした裏商売を展開しているのはほぼ間違いないようだ。

２００７年には、タイ国内に違法賭博場を開こうとした疑いのある日本人暴力団幹部がカンボジアに入国しようとしたところを、入国管理局により拘束された事件が起きている。逮捕された日本人は、過去に日本と中国の麻薬取引に関わっており、パスポートを無効とする要請を日本大使館から受けていたために、逮捕されてしまったということだ。

この日本人ヤクザが賭博場を作ろうとした目的は、資金洗浄だったとみられている。おそらくは、繁華街に集まってくる観光客や在住の日本人を相手にしたもので、表向きは合法的な商売をして集客し、薬物関連で得た非合法な収入をロンダリングするつもりだったのだろう。

このように日本人を顧客にした裏商売は、パッと見では違法性のないような日本料理店等の経営や労働者の日本への送り込みのような実質的な人身売買、麻薬や銃器の密輸のような違法品を扱うこともあり、多岐にわたる。

特に日本料理店のように、表向きにはカタギの人が経営しているようだが実質のオーナーがヤクザだったりヤクザが経営に関わっているなど、日本でいうところのフロント企業のような形もとっているものは、海外ということで日本の暴力団対策法のように明確に取り締まることができないのを見越しているといえる。

実際、海外では日本人であることが「信用」の担保になり、ヤクザかどうかを気にするよりも資金力のほうが問題視される。ある意味ではシビアなビジネス状況であるために成り立っているところは否《いな》めない。

タイの裏社会勢力――マフィア／軍／警察／ナック・レン

日本のヤクザがタイで商売をしているのに、地元の勢力は敵対したりしないのか。そんな疑問も当然ながら浮かんでくる。

私がバンコクの裏社会を取材している時に、現地の日本人たちに「ヤクザとか見たことない？」と質問しても「ないかな。でも友達がそれっぽい人に会ったよ」と言われるぐらい。まるで都市伝説のように追いかけてもなかなか会うことはない。何度かタイで現役のヤクザには遭遇《そうぐう》した経験があるので、水面下で活動しているようだった。目立たないから地元の勢力とぶつからないということもあるのだろう。

ほかにもタイ人の勢力と顧客（食い物にされる意味での）が被《かぶ》らないというのも、理由としては大きい。日本人のヤクザたちは、タイにいる日本人をターゲットにしている。タイ人を相手に商売をしようとすることは少ない。

では、タイの勢力とはどんなものなのか。それは、ヤクザ的な組織というよりも、不良から派生したギャングや日本でいう半グレ的なもので「ナック・レン」と呼ばれる。ナック・レンは不良の総称。不良連中が集団化したり、犯罪に走る者が出てきたりするのだ。その上に、彼らを利用するマフィアがいる。マフィアは政治家や軍部との関係も根深いため（一部、同じ意味として使われることもある）滅多に表に出てくることはない。

「タイ最強のマフィアは軍と警察ですから」

タイのことをよく知る人はこのようにマフィアと公権力を同一視する傾向にある。立場のある人たちや警察官、軍人が「表立って裏商売」をすることができないため、実行部隊としてナック・レンが使われているのだ。つまり、街なかで出くわす可能性があるタイ人のヤクザ者の大半がナック・レンといえるだろう。大半は20代の若者で、貧困や差別などを原因にした不満から反社会的な行動に走るのだという。

ただし、現在タイは軍事政権下にあるため治安維持に警察だけではなく軍隊も出動しており、抗争を起こしたりといった目立った犯罪は控えめになっている。麻薬の密売などを中心に裏商売を展開しているという。

そのことを教えてくれたのは失踪したTさんだが、彼の話によれば、「麻薬の売買を仕切っているのはバンコクのマフィア組織だけではなく、地理的にも近い距離にあるオーストラリアのギャング組織Gが深く入り込んでいる」という。

あまりイメージがないかもしれないが、タイにとってもっとも身近な外国のひとつがオーストラリアなのだ。実際、バンコク市内にいる欧米系の多くはオーストラリア人だったりする。日本以上に人の移動が多ければ、当然ながら裏社会の進出もあるだろうし、すでに販売ルートを含めた縄張《なわば》りは完成されており、後発組である日本のヤクザはなかなか付け入る隙《すき》がないのだという。

ただし、組織としては商売が難しくても個人であれば別の話だという。

「日本のヤクザが組織的に商売するのは難しくても、元ヤクザや現役の人間が個人としてそうした連中と組んで仕事することはあると思うよ。日本からひと山あてようと思ってきた人たちが多いから、安定的な商売なんてほど遠いよ。リスクよりも利益って感じで、赤の他人であるこっちが怖くなるよね」

タイに長く住んで現在も商売をしている日本人の知人は、このようにバンコクの裏社会はリスクが大きいと語っている。Tさんの失踪も含め、実際に間違いないのだろう。実際タイで流行しているヤーバー（詳細は195ページ参照）は、マフィアが直接さばくのではなく、仲介業者やプッシャー（売人）を入れることで組織の関与をわかりにくくしているようだ。人手は相応に必要になるので、ハイブリッドグループが出来上がるのも自然なことなのだろう。したがって組織的にヤクザの進出が成功している例は今のところは多くない。

一方で、地元マフィアやオーストラリアギャングが目をつけなかった日本人相手の観光業などには入り込んでいるのではないか、と言われている。いまだ明らかにはなっていないものの、日本でヤクザに対する締め付けがきつくなっていけば、海外の日本人社会に積極的に進出する動きが強まることは予想できる。

今後は、国内だけでなく海外にも日本式の裏社会が誕生していくかもしれない。バンコクが東南アジアの経済の中心地として、今後も発展を続けていくようであれば、その可能性は限りなく高いだろう。

3「国境」をめぐる闇ビジネス

新たな密輸ビジネス

「もしよかったら密輸を手伝ってもらえませんか？」

新宿の外れにある喫茶店で知人から持ちかけられた相談の衝撃で、口に含んだばかりのコーヒーを吹き出しそうになった。なぜなら、この話し相手のKさんは犯罪とは無縁の愛妻家のサラリーマンだからだ。

「ちょっと待って下さい。まったく話が見えませんけど」

「実は僕、以前からミャンマー関連の仕事をしていまして。そこで知り合った人から頼まれた仕事なんです」

「会社の仕事じゃないよね？」

「それはもちろん」

胸を張って言うことじゃないだろと思いながらも話を続けた。

「それじゃあ、いったい何を運ぶのさ？」

「大きく分類すると薬です」

「ごめん。無理！」

Kさんの返事に速攻でNOを突きつけた。私は裏社会の取材はしても、自分が当事者になることだけはないように気をつけていた。過去の取材では裏稼業を手伝うようにとの誘いを受けたことも複数あった。それでもすべてを断っていまに至っているのだから、いまさら自分の手を汚すのは遠慮したかった。

「違うんです。麻薬じゃないんですよ。あくまでも大きな括りではって意味です」

「どう違うっていうんですか……あ、もしかして」

思い出したのはKさんの仕事だった。彼は医療業界に近いところで仕事をしていたのだ。つまりは、合法な薬のことではなかろうか。

「はい。そのまさかです。お願いしたいのは植物の種の密輸です。具体的には中国からミャンマーにある植物の種を持ちだして欲しいんです」

「それは薬の原材料になるものですかね。それって正規のルートではダメなんですか」

「そこが難しいところで、中国はいくつかの薬の原材料を独占しているんです。しかもそれが中国の南部でしか作れないような固有種なので、近い気候のエリアで育てないといけないんです」

「だからミャンマーというわけですね」

中国とミャンマーは国境を接しており、雲南省《うんなんしょう》あたりとは共通の文化圏を有している少数民族もいるそうだ。非常に興味深いところだったが、もろもろの事情があって私はこの依頼を受けることができなかった。

非常に残念ではあったができなかったものは仕方ない。ただ、この密輸の顚末《てんまつ》だけは気になっていた。Ｋさんからその後の話を聞けたのは、新宿の喫茶店で会ってから半年が過ぎた頃だった。

「結果からいえば成功ですよ」

「すごいね。いったいどうやったの？」

「それが……」

この先も同じ方法を使うことがあるからあまり詳細は言えないと前置きしてのことだったので、本書でもかいつまんで紹介させていただく。内容としては、中華系の少数民族とバックパッカーの日本人などの団体がミャンマー人が入国する際に同じグループになって、植物の種を荷物に紛れ込ませて雲南省との国境から入国させるというものだった。日本人はあくまでミャンマー人が疑われた時の保険だという。国境付近のイミグレーションは並ぶ列なども比較的いい加減なので、１人がどこかに連れて行かれるときに意思疎通さえできていれば、少々の荷物のパスはできなくはない。とはいえ……。

「手が込んでますね。かえって疑われませんか？」

「まあ、捨てルート含めて複数の人間にお願いしていますから。今回は中国政府もあまり厳しくなかったんで」

笑いながら話してくれたKさんだが、だいぶ大胆なことをやっているように思えた。そんなこともあって、新たな密輸ビジネスの存在を知ることになったのだが、私が興味を抱いたのは国境を越えることが裏社会では大きなビジネスになる。それも日本だと空路か海路に限定されるが、世界的に見れば陸地で国境を接していることのほうが普通であるということ。そして陸路だからこそ、移動できるものやそれをとりまく危険やリスク、そして巨大な利益が存在しているということだ。

次項では、そのあたりについてもう少し詳しく見ていきたい。

テロ事件の原因に結び付けられた危険なボーダーライン

海外の裏社会を知るうえで、ボーダー（border）つまり「国境」は闇の商売を展開するために邪魔であると同時に必要な存在となっている。

麻薬は生産国から国境を越えるごとに値段が跳ね上がる。産地では5ドルのパッケージが100ドルになり、500ドルの銃が5000ドルに化《ば》けるのだ。闇ビジネスという点からすれば、国境というリスクを越えるからこそ、原価に巨額の利益を乗せることができるともいえる。それがいかに法外であろうとも、買い手は飲み込まざるをえない。

その点では、国境があることは売り手にとってはメリットが大きい。しかし国境があることでリスクも高まるため、邪魔な存在でもある。見方によっては大いなる矛盾をはらんでいるようにもみえるのが、裏社会にとっての国境なのである。

いま注目のホットボーダーを有するエリアをいくつか紹介すると、中国とアメリカの世界２大消費地に接する国境が危ない。表の経済でも巨大な消費活動を続ける両国だが（日本も中国人民の爆買いではお世話になっていますね）、裏の経済でも同じことがいえる。

中国の富裕層が増えれば、消費される麻薬の量が飛躍して周辺国から流れ込むし、出稼ぎ売春婦も増える。同様に、アメリカの経済が堅調に推移すれば、安定的に麻薬が供給されるし、売春婦も増えてくる。逆に両国とも社会が不安定になっても、同様に麻薬を必要とする人も体を売って稼ごうとする女たちも増える。麻薬や人身売買に限ったことではなく、臓器売買、金やレアメタル、美術品、希少動物……など、違法とされるものや高い関税のかかるものが大量に取引されているのだ。人口の多さや、集中というのはこのような現象を引き起こす。

消費の拠点化した両大国に至るルートは完全に出来上がっている。

まず中国の場合は、東南アジアと接点のある雲南省である。ここから中国に入っていくこともあるし、中国から出てくるものもある。主に麻薬や密入国のルートとして使われている。

このルートはそれほど目立つものではなかった。現在は民主化したがミャンマーの国境付近は少数民族が支配しており戦闘状態にあったし、タイやラオスにもまたがるゴールデン・トライアングルは軍閥やマフィアの支配下にあった。中国に入るにはリスクの高いルートでもあったのだ。近年では、ミャンマーの政情が安定して戦闘行為もほぼなくなったこともあり、比較的安全なルートとなっている。

実はこのルートが2015年8月17日に発生したバンコク爆弾テロ事件の要因のひとつだと、発生当初から唱《とな》える専門家も多かった。というのも、犯行動機を「タイ政府がウイグル族を中国へ強制送還したことへの報復」であると地元メディアや海外メディアがこぞって発表したからだ。

中国国内では、漢民族（一般的な中国人）と新疆《しんきょう》ウイグル自治区にいるウイグル族（イスラム教徒）との軋轢《あつれき》が表面化して、暴力によるぶつかり合いに発展しているのだ。

2014年、ウイグル族の集団が雲南省の昆明《こんめい》駅で刃物による無差別殺傷事件を起こした。死者31人、負傷者141人にのぼった大惨事で、昆明事件と呼ばれている。

この事件により、中国政府の雲南方面の警戒が厳しくなった。その影響を受けたのが、ウイグルからトルコや東南アジアのイスラム国家への亡命者たちであった。それまでは、雲南省からミャンマー、タイ、インドネシア、マレーシアへと抜けていたのだが、昆明事件後は難しくなったということなのだ。

なぜ雲南ルートがテロ事件と結び付けられて考えられたのかというと、タイ政府が苦労して密入国してきたウイグル人たちを保護するどころか中国に強制送還したからだ。容疑者に新疆ウイグル自治区のパスポートを持つ者が含まれているため、事件はこの行為に対する報復であると考えられている。

世界一危険な国境――不法移民と麻薬密売カルテル

もうひとつの大国アメリカには、戦争状態を除けば世界最悪の状態を迎えている国境がある。メキシコとの国境である。ここに押し寄せているのは不法移民と麻薬。この両方がアメリカという国どころか、アメリカ大陸全土を巻き込んだ危機的状況を引き起こしている。

不法移民たちが集中しているのは、テキサス州の南に流れるリオグランデ川に沿った国境で、メキシコ側はチワワ州シウダー・フアレスである。メキシコ、ホンジュラス、グアテマラ、エルサルバドルなどから貧しさや治安の悪化などを理由にした人々が集まってくる。大半がコヨーテと呼ばれる密入国ブローカーが仲介してアメリカへと送り込んでいる。

アメリカ側も警備を強化しているものの、防ぎきれていないのが実情なのである。

現在、このルートで入ってきた不法移民は、アメリカ国内に１５０万人を超す規模で存在しているという。

これほどの人間が動く裏には、メキシコをはじめとする中南米で絶大な力を振るう麻薬密売カルテルの暗躍がある。麻薬の密輸やマネーロンダリングのために、移民たちにまぎれて物資や現金を送り込んでいるのだ。

　メキシコで激化する麻薬組織と政府の戦争状態を懸念しているアメリカも、壊滅作戦に本腰を入れはじめていることから、新たな輸送方法は常に模索されているという。

「丸山さん、知ってます？　ドローン（無人航空機）が密輸に使われているんですよ」

　知人の映像作家に会った際に言われた。これまで裏社会の最新情報には海外であってもアクセスしていると思っていただけに、知らなかったことはやや衝撃だった。その反面で「あり得る」とも思った。

「それってどこで？」

「アメリカとメキシコの国境です」

　両国の国境は長大で、総延長は約3000キロメートルある。そのどこかで飛ばすことができれば、人間に託《たく》して密輸させるよりも遥かに効率的だ。なにより経費が仮に1000ドル（約10万円）かかったとしても、1台に2～3キロのドラッグ（主にメタンフェタミン）を搭載《とうさい》して密輸が成功すれば億単位の利益が出る。

　いままで当たり前だった人間による輸送よりも、はるかに効率的だ。

「ありえるね。というか、なんでいままでやらなかったんだろう」

「それが、結構前からやられていたみたいです。摘発されたのが最近ってことみたいですよ」

「捜査機関も新しいテクノロジーに追いつくのは大変ということなんだね。ところで、なぜまたそんなことを聞いてきたわけ？」

「いや～、密輸ドローンの輸送シーンを撮影したいんですが、丸山さんならそのへんのコネとかないかなと思って」

「あるわけないから！」

笑い事ではないのだが、いい加減すぎる申し出に苦笑いが漏《も》れてしまった。

ただ、彼の言うようにドローンによる密輸が常態化していったら、撮影することができるほどの台数が飛ぶかもしれない。さらに言えば、無人機輸送の方法を確立してしまえば、もっと重いものや危険な兵器も密輸されるかもしれない。

新たなテクノロジーとは、そうした危険を秘めているものなのだ。そして、このような国境へ人やモノを送り込み利益を得て世界中に暗躍しているのは、間違いなくマフィアやギャング、テロ組織なのである。

4　世界中に存在する犯罪組織の特色

世界の中には有名な犯罪組織というものが存在している。日本にいると犯罪小説や映画、国際ニュースなどで知ることがあるぐらいの認知度かもしれないが、海外の裏社会を知るうえでは必須の情報なので、ここで各大陸の各エリアで代表的な組織について紹介しておきたい。

【東アジア】
山口組《やまぐちぐみ》（日本）
三合会《さんごうかい》（トライアド）（中国）
竹聯幇《ちくれんほう》（ユナイテッド・バンブー）（台湾）

東アジアを代表するマフィアとして国際的に認知されているのは、山口組である。**日本で最大勢力を誇るヤクザ**ではあるが、その活動範囲は水面下で国外へも進んでいるため、アメリカなどの捜査機関も注視している。特に８００億ドル（約９兆４０００億円）といわれる推定収益は、世界の犯罪組織のなかで最大。小国の国家予算をはるかに上回る。

そんな山口組だが２０１５年８月に起きた分裂騒動後、13団体が離脱し新組織「神戸《こうべ》山口組」を結成したことから、警察のみならず世界中の闇社会の組織が注目することとなった。

山口組のような**アジアの組織と強いパイプがあるといわれているのが、香港を拠点にする犯罪組織で、総称が三合会**である。国際的に活動していることもあり、英語名で「トライアド」とも呼ばれている。組織としての結成は清《しん》の時代に遡《さかのぼ》り、反体制の秘密結社を起源としている。もともと中国本土を活動拠点にしていたが１９４９年に香港へ移動した。

現在も14K、新義安《しんぎあん》、和勝和《わしょうわ》など57の組織が所属しており、それぞれに数万人の構成員がいるとされ、東アジア最大級の犯罪組織として存在感を発揮している。

竹聯幇（ユナイテッド・バンブー）は台湾の台北《タイペイ》市を拠点とする暴力団である。構成員は末端まで含めると1万人になるといわれる。また、台湾には竹聯幇と並び三大黒社会組織と呼ばれる四海幇《しかいほう》、天道盟《てんどうめい》もある。どの組織も人身売買、売春、ドラッグ密売などで巨額の収入を得ており、台湾だけでなくアメリカやほかの地域にも影響力を持っている。

【東南アジア】

ジェマ・イスラミア（インドネシア）
アブ・サヤフ（フィリピン）
新人民軍（フィリピン）
アレックス・ボンカヤオ旅団－革命的プロレタリア軍（フィリピン）
パッタニ・マレー民族革命戦線（BRN）の分派「パッタニ・マレー民族革命戦線コーディネート派」（BRN－C）（タイ南部）

穏やかな国民性の国々が多い東南アジアには、意外なことにテロ組織が多い。特にイスラム教徒を主体とする組織がその名を知られている。なかでも、**東南アジアでイスラム国家の樹立を目**

指しているインドネシアの武装勢力ジェマ・イスラミアは、1993年にアブドゥラ・スンカルらによって設立されて以来、2002年のバリ島での爆破テロや、2005年のジャカルタ同時爆弾テロ事件などを首謀してきた。

破壊活動が目立ちすぎて世界的に非難されるなか、インドネシア政府は威信をかけて一斉摘発に踏み切り、2010年にはほぼ壊滅したとされている。ところが、残存勢力は依然として各地に潜伏《せんぷく》しているとされており、今後もテロ活動を続けるのではないかと懸念されている。

同じく今後の同行に注目しなければならない組織としては、アブ・サヤフ・グループ（AGS）がある。フィリピンの南部を活動拠点にしており、ジェマ・イスラミアと同様にイスラム国家建設を目指してアブドラザク・ジャンジャラニが設立した武装組織で、1990年代初めに設立された。

活動資金の獲得のため身代金目的の誘拐を繰り返してきたほか、近年ではアルカイダから資金援助を受けるなどの関係をもっていたが、1995年頃には関係が悪化。指導者のアブドラザク・ジャンジャラニの死亡によって組織の分裂がすすみ、現在では300人ほどのメンバーが活動するに留まっている。

しかし、幹部のひとりイスニロン・ハピロンがイスラム国（ISIL）への忠誠を誓うメッセージをインターネット上に掲載したことから、この先どのような行動に出るのか警戒されている。

宗教がらみではないが、フィリピンの新人民軍も軍事力を有したテロ組織である。もともとはフィリピン共産党の軍事部門を司《つかさど》る組織だった。組織的に市民生活に溶けこんでおり、フィリピン国内の島々、ルソン島北部、ビサヤ諸島、ミンダナオ島東部及び南部などの農村部や山間部に拠点を置いている。現在の軍事組織としては１９６９年にホセ・マリア・シソンが設立したことに始まる。戦闘員は４０００人規模とみられ、政府にとっても頭の痛い存在とされている。

同じくフィリピンのアレックス・ボンカヤオ旅団－革命的プロレタリア軍は、同国内のネグロス島を拠点にする反政府武装組織で、政府からの権力奪取を目的としている。

もともとは新人民軍の都市部テロ実行部隊として設立されている。母体となったのは「アレックス・ボンカヤオ旅団」（ＡＢＢ）と「革命的プロレタリア軍」（ＲＰＡ）で、実際に要人の暗殺や誘拐、外国企業を標的にしたテロ活動を実行していたが、幹部のあいだで方向性をめぐった内紛が起きたことで、離脱して独立したとされている。

「パッタニ・マレー民族革命戦線（ＢＲＮ）の分派「パッタニ・マレー民族革命戦線コーディネート派」（ＢＲＮ－Ｃ）は、武力によってタイ南部に「パッタニ共和国」という独立国家の樹立を目指している。イスラム学校の指導者らを中心に設立され、現在２０００人規模の武装組織で大規模な爆弾テロ、戦闘行為を繰り返している。そのためパッタニ県では、テロの標的にならないように店員にイスラム教徒を雇う商店も多いと言われるほどである。

【欧州・ロシア】

ソルンツェフスカヤ・ブラトワ（ロシア）

カモッラ（イタリア）

シチリアマフィア（イタリア）

東欧文化圏で存在感を発揮しているのは、ロシアのソルンツェフスカヤ・ブラトワ、いわゆるロシアンマフィアと呼ばれる組織である。その影響力はロシア国内のみならずアメリカや西ヨーロッパまで轟《とどろ》いており、すでに世界各地にも拠点を持っている。

その起源はロシア帝政時代の犯罪集団ボロフスコイ・ミル。ソ連時代に軍人や囚人などがメンバーになっていき、ソ連の崩壊に伴う国内の混乱に乗じて一気に巨大化。10程度の独立した組織の連合体として活動を続け、現在は推定でも1万人以上の構成員がいるとされている。そのなかには元軍人やエンジニアなど、ハイレベルな特殊技術を習得したものも多い。

ヨーロッパで新興勢力がロシアだとすれば、老舗《しにせ》のマフィアはイタリアのカモッラである。そもそもマフィアとはイタリアで生まれた犯罪組織の形態である。

カモッラは、イタリアのナポリを拠点とする都市型犯罪組織の総称で、現在、130団体、6300人が所属している。構成員のことをカモリスタと呼び、ナイフでの戦闘技量が重要視されることで知られている。また、犯罪組織のなかでは珍しく女性が力を持てる組織としても知られている。

イタリア国内には同等の勢力を誇る犯罪組織シチリアマフィアがある。シチリアはマフィアの発祥地とされており、いまなおヨーロッパやアメリカにも影響力を持っている。


【北アメリカ】

ニューヨーク5大ファミリー
マラ・サルヴァトルチャ　別名「MS－13」（アメリカ・中米）
メキシコ麻薬カルテル（メキシコ）

移民の国といわれるアメリカでは、1900年前後に渡米したイタリア移民の子孫で形成されている、いわゆるアメリカ・マフィアがあり、ニューヨークを拠点にする5大ファミリーとしてボナンノ、コロンボ、ジェノヴェーゼ、ガンビーノ、ルッケーゼが最高幹部会として名を連《つら》ねている。

その下に24のファミリーが存在しており、結成以来変わらぬ枠組みで、強固な組織体制を維持している。特色としては徹底した秘密主義で、構成員の名前や顔も表に出ないようにしている。そのため、マフィアでありながら秘密結社の一種とされることもある。

また、本拠地を他国に置きながらアメリカ国内で活動する組織もある。マラ・サルヴァトルチャ、別名「MS－13」と呼ばれるエルサルバドルを拠点とするヒスパニック系のギャング組織である。エルサルバドルの組織でありながら、構成メンバーはホンジュラスの出身者で占められているのが特徴で、その活動はアメリカ国内をメインとして、欧州、オセアニアなど世界中に進出している。

構成員数は10万人規模ともいわれている巨大組織である。活動内容は、麻薬の密輸や殺人請負といった凶悪事件がほとんどのため、現在、FBIがもっとも警戒している犯罪組織のひとつとされている。

北米で異彩を放つ存在感を有しているのが、メキシコ麻薬カルテルである。カルテルというのは、企業による協定、連携などを意味するのだが、最近では麻薬組織の総称としても使われている。下手な大企業よりも大きな金額を動かし、その影響力は国を脅かすほどである。基幹事業は麻薬の製造・売買を生業とするが、組織に敵対する者は警察だろうが軍隊だろうがお構いなし。対空ミサイルなどを装備し、一国の軍事力に匹敵する強大な力を持っている。

国内に統一的な組織があるのではなく、強大な力を持つ8つのカルテルがある。シナロア、ゴルフォ、ファレス、ティファアナ、ロス・セタス、ラ・ファミリア、テンプル騎士団、ベルトラン・レイバである。メキシコのみならず北米エリア全体の治安は、これらの組織がどう動くのかにかかっている。

【中南アメリカ】

首都第一コマンドＰＣＣ（ブラジル）
コロンビア革命軍ＦＡＲＣ（コロンビア）

ブラジルのサンパウロを拠点にする犯罪組織・首都第一コマンド、通称ＰＰＣ。約６０００人の構成員がいるほか、数万人の受刑者が協力者ともいわれている。正式なメンバーとそこに協力するチンピラの構図ではあるが、日本でいうところの準構成員にあたる発想であるので、実質メンバーと思って間違いない。それだけの巨大組織を支えているのは麻薬密売である。

中南米を原産としてメキシコを経由し、アメリカやその他の国々へと広まっていく。ブラジルはその起点となるだけあって影響力は絶大。ちなみにこの組織の母体は刑務所のサッカーチームであったとされ、サッカー界に暗殺や誘拐などの暴力的な手段で介入することもある。

このほかにもコロンビア革命軍のように戦闘力に特化した組織もある。１９６０年代にコロンビアで結成された、通称ＦＡＲＣと呼ばれる中南米最大規模の共産主義系武装組織である。マルクス主義を掲げて現政権の転覆《てんぷく》を目的とし、最盛期には約２万人もの構成員がいた。現在は７０００人ほどで人数は減ったように見えるが、これまでに殺人、誘拐といった事件も起こしており、日本人が巻き込まれたこともある。

【中近東】

ＩＳＩＬ（イラク・シリア）
アルカイダ（アフガニスタン・パキスタン）
タリバン（アフガニスタン・パキスタン）
ラシュカレ・タイバ（パキスタン）
パキスタン・タリバン運動（パキスタン）
ヒズボラ（レバノン）

テロ組織、犯罪組織の代名詞となりつつあるＩＳＩＬ（通称ＩＳ、イスラム国）。イラク・シリアを拠点とする、言わずと知れたイスラム過激派組織の代表格として、現在は「アイシル」や「ＩＳ（イスラミックステート）」と呼称されている。

設立は２００４年10月、最高指導者はアブ・バクル・アル・バグダディで、イラクに２０００人、シリアに約４０００人の戦闘員がいるとされている。イスラム法に基づく国家樹立を掲げ、異教徒や外国人への攻撃を続け、すでに日本人も犠牲になっている。

ＩＳＩＬの母体になったのがアルカイダである。オサマ・ビン・ラディンが率いる反米・反イスラエルを掲げるテロネットワークで、２００１年９月のアメリカ同時多発テロの実行組織として知られる。現在も数多くのテロにかかわっており、他のイスラム過激派組織との繋がりも深い。

なかでもタリバンとは密接な関係にあるとされている。

タリバンはパキスタンとアフガニスタンのスンニ派過激派組織。１９９６年にアフガニスタンに政権を樹立、２００１年にオサマ・ビン・ラディンを保護したとして米軍が攻撃し、政権は崩壊した。以後は駐留米軍などを標的にしたテロ攻撃を続けていたが、現在（２０１５年時点）では勢力を盛り返しつつある。

創設者で最高指導者のモハンメド・オマル師は消息不明だったが、２０１５年７月にすでにパキスタン南部カラチの病院で死亡していたことが判明した。後継者はアフタル・マンスールで、現在の戦闘員は４万人規模と推測されている。

ラシュカレ・タイバは、カシミール地方、パキスタン全域とアフガニスタンを活動領域にするテロ組織。イスラムによるインド亜大陸の支配・統治を目的として、インドに対するテロ攻撃を続けている。２００８年のムンバイ同時多発テロもラシュカレ・タイバによるものである。10代の若者を中心にリクルートし、現在構成員は数千人規模になっているとされている。また、タリバンとの関係もあるとされている。

パキスタン・タリバン運動は、パキスタンで活動するスンニ派過激派組織で、タリバン支持勢力の連合体である。パキスタン政府の打倒を掲げ政府・軍の施設への攻撃をくわえ、アメリカも攻撃対象としている。

特にアルカイダ指導者オサマ・ビン・ラディンがパキスタンでアメリカ軍の攻撃により死亡し

た際には、「我々は米国と同様、パキスタンに断固として報復する」と報復声明を出し、実際に在ペシャワール米国総領事館関係者やパキスタン海軍基地などを標的としたテロ攻撃を実行している。現在、構成員は3万人規模とされるが、そのなかには女性の自爆テロ要員が多数おり、過去には女性メンバーによるテロも実行されている。

ヒズボラはレバノンにおいて活動するシーア派組織で、常勤の戦闘員が1000人に満たないものの民兵組織的な側面もあるため、非常時となると数万人の戦闘員を動員できる。

主な目的はレバノンにシーア派のイスラム国家を樹立することとしているが、実質的には反イスラエルである。攻撃対象もイスラエルの権益を損《そこ》なうこと、政府を破壊することを対象にする傾向にある。

また、1980年代から欧米やイスラエルへのテロ攻撃を続けてきたことから、広く名の知られた組織である。組織の後ろ盾となったのは、シーア派が政権を握っているイラン。おかげでイスラエルを相手に互角の戦闘を繰り広げるほどの装備を有する武装組織となったのである。

その一方で、レバノン国内では政治活動も合法的に行っており、国民議会では議席の獲得はもちろん入閣も果たしている。

【アフリカ】

アル・シャバーブ（ソマリア）

ボコ・ハラム（ナイジェリア）

アフリカ大陸にはイスラム教国が多く、特に現在アフリカを拠点にするテロ組織は強大な力を持っている。代表的なのはスンニ派過激派組織ボコ・ハラムで、ナイジェリアを主要活動地域としている。１９９０年代にモハメド・ユスフにより設立され、現在のリーダーはアブバカル・シェカウである。構成員は数百人とも数千人ともいわれており、正確な数は特定されていない。アフリカの地下組織の人数を把握しろというのも無理な話だが、それだけ組織の裾野《すその》が見えないところに恐ろしさがある。

彼らの第一の攻撃目標は米国で、国連施設も攻撃対象にするほど好戦的な組織であり、ＩＳＩＬなど他勢力との連携も懸念されている。また、２０１４年４月に起きたナイジェリア生徒拉致事件は、ボコ・ハラムが女子学校から２７６人の女子を誘拐した事件で、国際的な非難が集まったもののいまだ解決の糸口はない。

ほかにも過激な活動で注目を集めているのが、ソマリアを拠点にするスンニ派過激派組織アル・シャバーブ。ソマリア国内でテロを繰り広げ、構成員は５０００人とされるが、そのなかにはイエメン、スーダン、ケニアなどの周辺国から参入した戦闘員が数百人所属している。

近年では、欧米へのリクルート活動やテロリストの訓練も請け負っているため、先進国の悩みの種となっている。

第2章　日本のなかの外国人犯罪

1　外国人が関わる犯罪のカテゴリ

特殊警棒で殴打されるのは何犯罪？

外国人の犯罪が急増、日本人が海外で事件に巻き込まれる、海外で罪を犯した日本人が逮捕、海外に進出する裏社会……。最近になって耳にする言い回しが多いかと思う。では、外国人の犯罪にはどんなイメージがあるだろうか。

たとえばこんなことがあったとする。30歳の男性会社員が都内の盛り場で飲酒……というか、飲んだくれの私の友人。彼と昼間に待ち合わせたところ、大きな帽子を被《かぶ》ってきた。

「どうした？」

「昨日さ、外人に殴られた……特殊警棒で」

帽子を外して見えた額にはクッキリと殴《おう》打《だ》痕《こん》がある。

「何が、どうなったのか事情が見えないけど」

「俺も……。飲んでいて中国人のおねえちゃんナンパしたら、その男が出てきていきなりでさ」

「警察には？」

「覚えてないんだよね。気がついたら知り合いの店にいて、記憶も断片的だから……殴ってきた男が中国語を話してたのは覚えてる」

友人のすっとぼけた対応にやや呆《あき》れたが、相手のほうもどうかしている。

「そもそもナンパしたぐらいで殴るかね？」

「俺も酔っていたのもあるんだけど……」

「何がさ？」

「いや、あの、軽く女の子に抱きついたかな。それで女の子が叫んでた。中国語で」

呆れ果ててしまったが、この男にはよくある話ではある。それはさておき、いかがだっただろう。登場人物が日本人（自称、被害者）と外国人２人。男女のうち実行犯が男。これは外国人に絡んだ犯罪だが、なんという種類なのだろうか。というのも、外国人が関わる犯罪のカテゴリは次のように大別できる。

・外国人犯罪
・外国人に係る犯罪インフラ事犯
・越境犯罪
・国際犯罪

どれも一度はニュースや新聞で目にしたことがあるのではないだろうか？　さすがに情報の入手は個人差があるので、みんなが聞いたことあるという前提で進めておきたい。まずは、それぞれの説明をしていきたい。

一番大きな括《くく》りになるのが「外国人犯罪」だ。外国人や移民による犯罪で、大抵はこのカテゴリで括ることができる。次に「外国人に係る犯罪インフラ事犯」だが、これは傷害、窃盗、殺人といった凶悪犯罪ではなく、犯罪基盤＝インフラを整備するための事件のこと。たとえば、国籍取得のための偽装結婚などがわかりやすいだろう。ほかにも詐欺や各種制度の悪用などがインフラ事犯にあたると警視庁が定めている。

越境犯罪と国際犯罪については後述するが、これはどちらも日本を通り越してもっと大きなカテゴリ、全世界規模での犯罪を見るときの視点となる。

こうやって見ると私の知人の例は、外国人の暴力によって傷つけられたわけなので傷害事件、つまり外国人犯罪に該当するのである。とはいえ、酔っ払って抱きつきながらナンパした知人のほうが、そもそも悪いので、酒癖とモラルの問題ではある。それでも、殴打した武器が特殊警棒だったから良かったものの、もしナイフなどであれば死んでいたかもしれないので、それほど軽く考えることはできないだろう。

越境犯罪と国際犯罪――視点が異なる2つの犯罪

さきほど外国人の犯罪の括りについて省略してしまったため、「越境犯罪」と「国際犯罪」の2つのカテゴリについてここで詳しく紹介しておきたい。どちらも似たような意味で使われてしまい混同されてしまいがちなので、しっかり各意味を押さえておいていただきたい。

まず越境犯罪だが、犯罪を実行する場所に国境は関係ない。立命館大学の本名純《ほんなじゅん》先生が「アジアの課題と日本」というレポートで越境犯罪の脅威を警告しており、文中で言葉の定義も提唱している。ここでその内容を一部ご紹介させていただくと、越境犯罪は「各国の組織犯罪が他国のカウンターパートと何らかの協働関係を持ち、犯罪行為が国境を越えて移動・移転するものと捉えてよい」としている。

越境犯罪と似たような意味として使われる「国際犯罪（international crime）」との違いについては、「国際法に違反したり国際的な広がりを見せる犯罪のことだ」とされている。本名先生は越境犯罪の具体的イメージについて密輸や海賊行為のような歴史ある犯罪という捉《とら》え方をしていた。

私の友人にマリファナを日本に持ち込もうとしたKという奴がいるのだが、国籍は不明で中国系らしい。知り合った時は20歳になったばっかり。日本にマリファナを持ち込もうとして来日したと言っていた。

「成田（空港）で、（マリファナが）見つかりそうになったんでゴミ箱に捨てましたけどね」

「なんで、そんなリスクを冒《おか》すのさ」

「そりゃあ、ほら、金ですよ」

シレっと言ってのけるあたり、罪悪感なんぞ欠片《かけら》も持っていないことをよくあらわしているなと思った。

「僕の場合、親戚が日本にいたんで、すぐに働くとかはなかったですが、それでもお金は必要でしたからね。小遣い稼ぎですよ。だから捨てることもできた」

裏社会の取材を生業《なりわい》にしていると、「麻薬の密輸」などはよく耳にする犯罪だったりするものの、Kの場合は特定の組織に加わっているわけではないのだ。なかなかに大胆不敵で、麻薬の密輸を実行していたとしても、組織的なバックアップを受けて国境をまたいだわけではないので、越境犯罪の定義には入らないのだ。詳しくは後述するが、日本国内に限らず犯罪組織というのは確実に存在している。組織が手がける犯罪は、個人レベルの犯罪とは内容も規模も違う。

まず、外国人が異国の地でたったひとりで犯罪をするとなると、かなり限定的なものしか実行できない。犯罪には主に4つのステップがある。

（1）計画
（2）実行

（3）逃走

（4）換金

ステップの（1）と（2）でも、拠点となる宿の手配。多くの場合にはウィークリーマンションが選ばれる。ホテルだとフロントがあって出入りを見られてしまうからだ。

また、昨今では正規のライセンスで営業しているようなウィークリーマンションでなく外国人オーナーが部屋を又貸しして、もぐりのホテルとなっているマンションやアパートもあるので、見分けはかなり困難になっている。

さらに補足しておくと、実行犯が海外からきている場合には、地理に明るくない。そのため運転手役の日本人を雇ったり、車両を手配したりする必要もある。強盗をする場合には、凶器だって用意しないといけない。これらを効率的に低リスクで実行するのは、個人犯罪だとどうしても限界がでてきてしまうのだ。

ちなみに、日本人の協力者を雇用するときには、パチンコ屋でダメそうな奴に声をかけるらしいが、選び方はそれぞれのグループによっても異なるようだ。さて、各手順を分担するだけで、効率が良くなり発覚＆逮捕のリスクも下がる。仮に逮捕されたとして、すぐに人員を補充して仕事としての犯罪を続けることができる。それが組織犯罪なのである。

おまけに、彼らが稼いだ金は本国に送金されたり、裏風俗などを立ち上げる資金になったりして、さらに大規模な裏ビジネスに展開していくこともある。なかには、ドラッグの売買の元手になったりしたというのも聞いたことがある。しかし、これはあくまで外国人が活動の拠点とする国での犯行である。

国際犯罪はそれとはもっと違う種類の犯罪なのだ。国際犯罪は、国内法ではなく世界中の国で共通の法律としての国際法で裁かれるような罪で、コア・クライムとしてジェノサイド罪、人道に対する罪、戦争犯罪、侵略の罪だとか、とにかく規模が大きな話がついてまわるのだ。

さすがにつかみどころがないかもしれないが、さきほど引用させていただいた本名先生のレポートには、「(越境犯罪と国際犯罪の)定義は明確なものではない」とも添えてある。つまり、いまだ曖昧《あいまい》でつかみどころがない犯罪でもあるというのが実情なのだ。

南米からくる「偽装」日系人

ただし、営利目的の犯罪だけを警戒しておけばいいというわけではない。

2005年11月に起きた広島小1女児殺害事件では、ペルー人のヤギ・カルロスが、わずか7歳の小学生に乱暴して殺害するという凶悪事件を起こしている。この男は、ペルーでも複数件の婦女暴行事件を起こしている。逃亡するために偽名を使って、就労ビザを獲得して来日したのだった。

また、2015年9月に埼玉で6人を殺害した事件で逮捕されたペルー人のナカダ・ルデナ・

バイロン・ジョナタンは、精神的な疾患を抱えていたという。直接的な関係はないかもしれないが、この男の兄ペドロ・パブロは20数人を殺害して「死の使徒」と呼ばれるペルーでも有名なシリアルキラー（殺人鬼）である。

この両者に共通しているのは、日系人を名乗っているところである。どちらの男も写真を見ても日本人の血脈を感じさせない。というのも、彼らは血筋に日本人は入っていないのだ。つまり、日系人は偽装なのだ。「日本人・日系人の養子」となってビザを取得しているから、日本名みたいな名前になっている。

「偽装日系人は多いですよ」と、南米に通じているジャーナリストの友人に言われたことがある。日本では、過去南米に開拓民として日本人を大量に送り込んだ。だが、辿り着いた先はお世辞にも楽園には縁遠い過酷な環境。多くの人が亡くなったという。それが負い目となって、開拓移民一世の子孫である日系人たちには、就労ビザなどを発給するハードルがゆるくなっている。

「俺の知ってる人なんかは、勝手に戸籍が使われて、孫が２００人ぐらいいることになってましたから。どんだけ性豪だよって笑っていましたけどね」

友人のジャーナリストは、なかなか驚きの情報を教えてくれたのだが、実際に養子をとる人もいるのだから、このシステムを禁止するわけにはいかないのが実情でもある。

このように日本に入りやすいのであれば、多くの人が入国してくるわけで、そのなかには出稼ぎなんかではなく、性的な欲求や暴力のはけ口を求めて入国してくる連中がいないとは限らない。

実際にここで取り上げた二人の例がそのことを示してくれる。恐ろしいことではあるが、来日外国人が増えるということは、そういう危険性も孕《はら》んでいるのだ。

2　外国人犯罪の名所in歌舞伎町《かぶきちょう》

歌舞伎町・外国人犯罪スポット巡り

「マルちゃん、こっちだよね？」

近しい人は私のことをそう呼ぶのだが、丸山だからマルちゃんでは、いかにも子供のニックネームみたいで、いまいち自分では気に入っていない。

呼びかけながら先を歩くのはM君だった。10年来の付き合いをしている友達であり、雑誌記者をしている。職業柄もあって、裏風俗やギャンブル、ヤクザ……歌舞伎町だけではなく、東京のあらゆる裏社会を一緒に取材してきた。もちろん外国人との接点も多くあった。日本の外国人犯罪の取材にあたって、これまでに自分がどんな取材をしてきたのかを振り返るべく、M君と一緒に外国人犯罪名所を訪ねて回ることにしたのだった。

東京都内には外国人犯罪にちなんだスポットというのが有名無名にかかわらず存在している。

事件として報道されたものから、住人でなければ知り得ないような裏情報など、それこそ無数に存在していると言っていいだろう。

なかでも「住人」というのは、その街に住んでいる人だけではなく、街の変化を察知することができるほど長く、その街と付き合っている人のことも含めて言う。ゴールデン街や新宿２丁目でと毎晩のように飲み歩き、顔なじみのポン引きがいて、キャッチのにいちゃんたちは名前も知らないのに会釈してくる。そうなってようやく住人として認知されていくのかもしれない。

かくいう私も、週7日は夜の新宿に這《は》い出してきて、手持ちの金が続く限り酒を飲み続ける生活を送っていた身である。現在では、飲み過ぎで3回ほど大きく体調を崩してしまい病院にやっかいになったことで、無茶を続けることもできなくなった。だが、イケイケの生活をしていた中で、一緒に馬鹿騒ぎをしていた仲間のひとりがM君で、彼とは飲みながらも一緒に潜入取材を繰り返していたわけだ。

勢いのあった時期には、早朝のラブホテル街でキャバ嬢に対して「ここでハメ撮り風の写真が撮れなかったら原稿落ちちゃうんです」と、土下座してしまうこともあった（実際にハメ撮りをするのではなく、あくまで「風」である）。当時、会社勤めをしていながら、朝まで歌舞伎町で過ごしていた。知らない世界に踏み込むスリルと、そこでの出会いが楽しくて止めようと思っても、止められない。好奇心から始めた取材に流されてしまう我々コンビには、よく見られる光景であり、顚末《てんまつ》だった。２００５年頃の話だ。

「よく覚えているね、マルちゃん」

「あれだけインパクトがあればね」

当時を振り返りながら歌舞伎町の外れの職安《しょくあん》通り沿いにある雑居ビルの前についた。少しだけ顔に緊張感を走らせたM君がビルの名前を確認した。

「多分ここだね」

「おそらくは……」

ふたりとも半信半疑のままで立ち寄ったのはスマホ買い取り屋だった。この街に限らず東京など大都市圏では数年前から急増しているらしい。いまや外国人にとって定番の商売となっている。

「本当にナシでいけるかな」

「どうだろ、やってみようか」

自信なさげにM君とやりとりをしながら店内に入った。通常だとスマホの買い取り屋に行くと、身分証の提示を求められる。数万円の市場価値がある商品なだけに、盗んだ本体を持ち込む人間がいたりするからだろう。むしろ他に理由もない。

スマホは窃盗犯には財布と同じぐらいのレベルで人気のターゲットになっているのだ。あとから警察沙汰になったときのために写真付きのIDの提示は必須であるというのは、まっとうな商売の理屈。ところが最近、新宿《しんじゅく》や大久保《おおくぼ》だけでなく、秋葉原《あきはばら》や池袋《いけぶくろ》でも急増しているのが、そうしたセオリーを無視した身分証ナシで買い取りしてくれる店だというのだ。

店内は、歯ブラシなどの雑貨類から食品までがところ狭しと並んでいた。カウンターのところにＳＩＭカードやプリペイド携帯などが置いてあり、そこに、50〜60代と思しき中国系の店主が立っていた。

「コレって買い取ってもらえますか？」

「iPhone……」

「そう、これは４Ｓ」

Ｍ君が調子を合わせているが、店主が小難しそうな顔をする。

「いくらで買ってくれるの？」

「いや、あ〜……」

どうも要領を得ない。すると、店主が携帯を取り出してどこかに電話をかけだした。中国語なので、会話の内容はわからない。こちらが用意してきたスマホは、以前に自分で使っていた私物なので、実際に買い取られてもいいが、万が一にもデータが残って復元されたりしたら嫌なので、最終的には断るつもりだった。それでも、本当に買い取ってくれるのかだけは確認したいと思っていた。

「買い取り？　スマホ？」

なにやら電話で話がついたらしく、打って変わって自信ありげに聞いてきた。

「そうスマホ」

「みぶ……IDは？」

「俺ら身分証とか持ってなくて。買い取り額下げてもらっていいから頼むよ」

「大丈夫。買えるよ。でも、オーナーがいないから、今は無理」

食い下がることもないほどに、あっさりと買い取り許可が出たので、拍子抜《ひょうしぬ》けした。こちらの減額提示はむしろ無駄に終わった感じすらする。

「LINEのID、欲しくない？」

不意に店員が声をかけてきた。こちらが、意味をはかりかねていると、畳《たた》み込むようにセールストークをはじめてきた。

「LINEのIDは、番号ひとつで、ひとつだけ。でも、ここで買えるよ」

「金額は？」

切り換えしつつもテクノロジー的にそんなことが可能なのか、気になったが買わないとそれ以上の情報は見込めないだろう。一応値段を聞いてみる。

「いくら出せる」

これは足元を見られている。提示金額が設定価格より高ければ、そのまま売りつけ、安かったら値段を釣り上げるということだろう。いかにも怪しい商品を取り扱う店らしい。これ以上は関わるだけ無駄だろう。とりあえず、「後で来る」と言い残して店を出た。

ちなみに、ここでいう「後で来る」がポイントなのだ。外国人経営の店では、相見積もりの要領で、複数店舗に持ち込んで値段を確認することはよくあることなので、日本人的感性というか、奥ゆかしさで遠慮することなく、きっちりと主張したほうがストレスもなく取引に持ち込むことができる。

マッサージ店で携帯電話が盗まれる？

この日なぜ我々が携帯、それもスマホを売りに来たのかというと、別段金に困っているということではない。一応は、ジャーナリスティックな、それらしい理由がある。さかのぼること、たしか２００７年頃のことだった。当時、歌舞伎町（といってもごくごく限られた一角）にはある噂が流れていた。

――中国マッサージ店で携帯電話が盗まれる

財布ならわかるが、なぜに携帯なのか。実際、身近なところでも「あの店に行ったら携帯盗まれた」との報告も重なってきたので、確かめてみることにしたのだ。

その場所は西武新宿駅の近くにある交差点。いまでも中国マッサージを名乗る女達が立っているあたりだ。女たちの大半はマッサージをしてくれるが、基本的には性的サービスがメイン。終電後になるといっそう活発に勧誘をしてくる。

「おちんちんマッサージ」

「きもちいいよ」

「朝までOKね。寝れる」

だいたい、こんな文句を連呼してくる。特に酒を飲んでしまってからの終電後には帰らずに寝たいと思う人もいるので、つい足を止めてしまうこともある。そうなると彼女たちは食らいついて離さない。

「1万円だけ」

値段を具体的に提示してくる。何度か値段交渉はしたことがあるのだが、その経験からすればちょっとでも難色を示せば、3000円〜5000円程度には下がる。ここまでは冷やかし半分でもやったことがある人もいるだろう。しかし、当時出回っていた噂の携帯電話の盗難というのが、どうも不可解だった。それもソフトバンクのものだけ。

「よくわかんないね。でも、これがわかったら面白いよね。企画にして取材してみようよ」

雑誌編集者のM君の琴線《きんせん》に触れてしまったこともあり、彼から捨て携帯を渡されて「盗まれてきて」と言われたのだった。西武新宿横のエリアに終電が終わった頃になって出向いた私は、早速、彼女たちと交渉して5000円まで下げていた。実を言うと、不確か過ぎるネタに編集部的にはそれほど乗り気ではなく、M君の裁量で用意できた経費が、それぐらいだったのだ。

支給されなくても個人的に金がないわけではなかったが、こうした取材に経費以上の金をつぎ込みだすと際限ないので、いつも取材は経費の範囲でやるという自分ルールを設定していた。自分を律するのは想像以上に難しいということもあり、こういった自分だけの線引をもつことは、取材者にとって欠かせないものだと思っている。

さて、交渉相手に選んだ中国女だが、交差点にたむろするなかでは、比較的自分の好みに合う高身長のスレンダー体型だった。とはいえ、顔に刻まれたシワを見れば40代前後なのは一目瞭然《いちもくりょうぜん》だった。取材では、時に妥協も必要になる。

マッサージ店は、交差点からほど近い雑居ビルの３階で階段で登った。エレベーターのないビルは賃料が安いので、そのあたりも経済観念がしっかりしているというか、支出に対してはケチくさい歌舞伎町の中国人経営の店という感じがした。

「エロエロしたい？　１万円ね」

個室に入るなり、女が聞いてきた。こちらの取材費でオプションを頼んでいる余裕はないので、「マッサージだけ」と言って壁に上着をかけた。携帯はこれみよがしに上着のポケットに放り込み、ベッドに横たわった。

周囲からはベッドが軋《きし》む音や話し声が入り交じって聞こえていた。人によっては嫌悪感すら催《もよお》しかねない状況にあって、不思議と歌舞伎町で取材をしている気になり、私の中には心地よい高《こう》揚感《ようかん》があった。

女から大してうまくないマッサージを施術されていると、眠気が襲ってきた。すでに深夜の２時近く。普通に眠る時間であり、この強敵に勝てる気がしなかった。たとえ負けてしまっても致し方ないところだと、軽くうとうとしながら眠気に耐えていると、いつのまにか意識が飛んでいた。寝てしまったようだ。女はまだマッサージを続けていたので、それほど長く落ちていたわけではなさそうだ。そのまま、身を委《ゆだ》ねて揉《も》まれ続けた。

「もう、いいね」

しばらくすると、そう言って女が体から離れた。入店から1時間ほど経過しただろう。意外にしっかり施術してくれたようだ。

「もう終わり？」

「あ〜このまま寝ていってもいいけど、どうする？」

「いいよ、とりあえず今日は帰るよ」

料金を支払って店を出た。私が気になっていたのは上着のポケットの中だ。手を入れるとあるはずの携帯がない。「やられた」のだ。本当に盗まれた。噂を証明することができた。

当時、私の家の近所に住んでいたM君の家に立ち寄った。新宿からぎりぎり徒歩圏内にあったので、終電後でもこの動きができたのだ。

「盗まれたけど……どうすれば？」

「あ〜盗まれたんだね。本当なんだね。どうしようね」

実際に噂を証明するというミッションをクリアするまでしか考えていなかったようだ。その日は宿題となってしまった。

その後、あれこれと調べまくったことで、わかったのは中国や海外に売り飛ばしているということ。しかし、限定される機種がソフトバンクだけというのがわからない。マッサージ店の女達に再度アタックして聞いたところ、店長からの指示だということがわかった。だが、それ以上はわからなかった。というよりも、女達にも知らされていなかったというのが正確なところだ。

この取材は、半端なところで終わっていたが、種明かしはだいぶ後になってから受けることができた。それも偶然の産物である。それは、上海《シャンハイ》に住んでいる日本人から「昔は日本から持ってきたソフトバンクの携帯を改造して使っていた」と教えられたことだ。

歌舞伎町のマッサージ店で盗まれたものかどうかわからないが、ともかく携帯電話と歌舞伎町というのは、M君と私にとっては少しだけ心に残るアイテムだったのだ。

通りに並ぶ高級外車

我々が思い出に浸りながらスマホを下取りしようとしていたのは、歌舞伎町の北端にある職安通り。コリアンタウンとして名高い大久保エリアと隣接する場所で、歌舞伎町では麻薬の売人との接触ポイントとしても知られている。

このあたりに来ると、あずま通りにいる黒人キャッチの連中が乗っている仮ナンバーの外車を見かける。連中は祖国から持ち込んだボロい中古車に斜線の入ったナンバープレートを装着して乗っている。車体自体はおそらく車検や任意保険どころか自賠責も入っていないだろうし、まともな整備すらしてなさそうな感じだ。ちなみに仮ナンバーは、正式な手続きに則《のっと》ったならば、取得から3日で返却しなくてはいけないものなので、それをそのまま取り付けて走っている時点でアウトなのだが。

「怒られてから返却する、とか連中は思ってるんだろうか」

そうつぶやくと、M君も同意した。日本の法律を平気で無視してしまうところに不良外国人の怖さがある。実際、あんな車は確実に無保険だろうし、ぶつけたところで腕力と迫力にものをいわせて警察を呼ぶどころか、保険会社に連絡すらさせてもらえない……かもしれない（実際にどうなのかは、断言できないので）。ともかく、法律的な扱いがグレーゾーンにある車を公道で使われたら危なくて仕方ない。

車といえば、猥雑な歌舞伎町の雰囲気とは対極のものを見かけることもある。外交官ナンバーの路上駐車だ。目にするたびに、なぜ歌舞伎町に大使館の車があるのだろうと疑問に思う。しかも、大抵どういうわけか黒人キャッチの出没エリアに停まっている。黒人キャッチが集まるのは、先程も触れたようにあずま通りである。隣接している区役所通り、靖国通り、花道通りがこの車の路駐ポイントとなっている。

「なんでこんなところに外ナンバーが路駐するかな」

「しかも乗ってるのはだいたい黒人だよね」

互いに率直な疑問を提案しつつ答えの出ない疑問をぶつけあっていた。

ふと、気がついたことがある。そういえば、アフリカの発展途上国の大使館職員が「治外法権だから安心」という謳《うた》い文句で『大使館カジノ』を開いて摘発されたことがあった。大使館といえども正義の味方ではない、ということなのだ。その前提に立ってしまうと、想像力は無限に広がっていくのだが、外交問題に発展しそうな火種は私の脳内だけに留めておきたい。

確かな情報として、黒人が絡んだトラブルはある。あずま通りの黒人と歌舞伎町といえば、2012年に起きた黒人キャッチVS.ヤクザの大乱闘事件だろう。歌舞伎町では「ヤクザを引かない（客引きをしない）」のが暗黙のルールだった。それを知らない黒人が武闘派ヤクザの組長に声をかけた。歌舞伎町のルールを知らない黒人を諌《いさ》めようとした組長に、あろうことか黒人キャッチが殴りかかったのだ。

当然ながらおつきのヤクザは黒人に報復。すぐさま黒人のケツ持ちをしているヤクザも登場という流れになったのだ。当時は、最初に殴った黒人を探してヤクザが歌舞伎町を徘徊《はいかい》。「黒人狩り」などと言われていた。

「あの事件の黒人ってどうなったんだっけ？」

「たしか大使館に逃げ込んだとか、そんな噂だったよね」

歌舞伎町に長く通っている我々がこのぼんやりとした状態を続けてしまうことからもわかるように、歌舞伎町で起きた外国人がらみの事件というのは、結末が定かではないことも多い。ただし、なかにははっきりとした外国人がらみの事件もある。

伝説の風林会館「パリジェンヌ」事件

職安通りから少し歌舞伎町エリアに入ったところに大久保公園がある。敷地はフェンスに囲まれており、ホームレスが溜まったり夜中に侵入できないようになって、昼間はイベント会場として使われている。

そんな様子をどこか寂しげに眺めてしまうのは、このあたりが、ディープゾーン扱いされていた時代、といってもわずかに10年ほど前ぐらいのことで、その頃の記憶を重ね合わせているからだ。

とはいえ、現在も立ちんぼやプッシャー（麻薬の売人）が集まってくることもあるエリアなので、本質的には変化ないのかもしれない。各方面への気遣いもあるので、現在は平和なエリアであると言っておこう。

さて、この公園区域の一角にＳ屋という酒屋がある。

新宿では名物となっているオスローバッティングセンターも近いので見かけたことがある人も多いだろう（なぜか新宿界隈で働いている人は野球経験者率が高いように思う）。特別に目立つ外観ではないが、酒の買い出しで訪れる飲食店の人も多く、歌舞伎町の住人にとっては馴染《なじ》みの場所となっている。

私もこの店ではよくタバコを買ったり、「歌舞伎町」と刻印されたライターを土産《みやげ》用にまとめて購入したこともある。意外と喜ばれるので、重宝しているのだが、この店にまつわる事件があることはあまり知られていない。

「この店に車が突っ込んだことがあるの知ってるか？」

「そんなことあったの？」

Ｍ君にしても知らなかったようだ。それほどマイナーな事件とは思っていなかったが、歌舞伎町にいても知らない人もいるのだとわかった。とはいえ、私にしてもジャーナリストの先輩からの受け売りにすぎないのだが。概要としては、２００３年頃のこと、黒人キャッチとトラブルになった男が復讐心から黒人を車でひき殺そうとしたところ、誤って店に突っ込んでしまったそうだ。

歌舞伎町の黒人のキャッチ

「それは迷惑だよね」

「まったくそのとおり。でも、なん

でこのへんに黒人がいたんだろうか。縄張りが違くないか？」

これは、時代も関係している。２０００年代初頭の歌舞伎町では、黒人勢力はそれほど強くなく、歌舞伎町のはずれの方にある外国人パブなどのキャッチとして生計を立てていた。そのため、現在の主な活動エリアである、あずま通りから遠く離れた職安《しょくあん》通りに近いエリアに黒人が集まっていたものと考えられる。とはいえ、あくまで推測に過ぎないが。

「しかし、ひき殺されそうになるほど恨《うら》まれるっていうのはよっぽどだよね」

困惑するＭ君に対して、昨今の歌舞伎町の話も振ってみる。

「まったくもって……でも、最近もぼったくりって多くないか？」

「たしかにね。ほぼ名物みたいに歌舞伎町交番の前に被害者が集まってるからね」

「あれって、徐々にエスカレートしてきた感じだよね。何年か前まではプチボッタクリっていうか、少額をギリギリ乗せるのが主流だったじゃない。あれとはだいぶ違ってきているよな」

「まあね。だけど中国人観光客を相手にぼったくるのが中国人なんて話もあるからね」

いまの歌舞伎町の外国人事情を説明するのに、中国人を外して考えることなどできない。その方面に少し話を振ってみた。

「歌舞伎町といえば中国人の犯罪スポットって多いよな？」

「あるね〜かなり多いと思う……」

せっかくなのでＭ君と一緒に思いつく限りの場所を挙げてみることにしたが、まっさきに出てきたのはあの事件だった。

「やっぱり風林会館のパリジェンヌ事件でしょうね」

２００２年９月21日午後７時頃、歌舞伎町の喫茶店「パリジェンヌ」で東北系中国マフィアと住吉会系の組員が話し合いの場を持っていたところ、交渉が決裂。銃撃戦となり、日本側の住吉会の幹部が死亡した。

90年代から力をつけて台頭してきた中国マフィアといえども、本腰を入れて報復行為に出たヤクザを相手にシノギきれるはずもなく、次々と関係者が殺害されていった。結果として歌舞伎町で中国マフィアの支配力が弱まり、ナイジェリア勢力の台頭を許すことになり、黒人たちが歌舞伎町のどまんなかでも商売できるようになったのだ。だが、これで終わりではない。事態は別の展開を見せる。

これだけの大事件が起きたことで、警察権力が歌舞伎町へと介入するきっかけとなったのだ。それがのちの浄化作戦のとっかかりとなったともいえる。ある意味、歌舞伎町の転換点とも言える大事件である。

「それだけじゃないよね。あのまま職安通りに抜ける途中に、福建《ふっけん》マフィアの連中がキャバクラの店長を殺した事件があったよね」

「さすがにマルちゃんはよく覚えているよね。ただ、僕もそれは記憶にあるよ。区役所通り沿いの店で、バッティングセンターよりも区役所寄りのところのビルでしょ」

「あの近くにあった中国人クラブで２００２年頃、異臭騒ぎがあったの知ってるかい？」

「いや……そんなことあったの？」

「たしか、パリジェンヌの事件の報復だっていわれている。このあたりは、中国人絡みの犯罪が多いよ」

「青龍刀《せいりゅうとう》事件もあのへんでしょ」

「そう。あの路地入ったところね」

私は風林《ふうりん》会館の南側の路地に視線を向けた。


青龍刀事件は、私がまだ上京するはるか前の１９９４年に起きた。パリジェンヌ事件でも登場した風林会館のすぐ近くにある中華料理店「快活林《カイカツリン》」が上海マフィアに襲撃され、店長や客が刃物で切り裂かれて死んだ事件である。このときの凶器が青龍刀だったということで、この凶器の名を冠《かん》した事件となっているが、実際には使われていない。しかし、ほかの事件などでは、武器として使用されているので、中国人の起こした事件の象徴として、訂正されることもなく、この名前で定着している。ちなみに別名では快活林事件とも呼ばれている。

この事件の背景だが、中国マフィア同士の抗争とされている。当時、歌舞伎町では出身地ごとに縄張りが出来上がっており上海、北京《ペキン》、広東《カントン》、福建といったマフィアが跋扈《ばっこ》していた。そんな状況下で事件の発端となった本当の理由は明らかになっていない。

「やっぱ、なんだかんだいって、歌舞伎町と絡んでいるのは中国人が多いし、すごく強いよね」

久しぶりに歌舞伎町を一緒に歩いたM君とのやりとりで、歌舞伎町と中国人について、もう少し深く掘り下げる必要があると感じていた。記憶の扉を開けながら歌舞伎町を巡ることで、街を見続けていくことは、住人ではなかろうともいろいろなものを見せてくれると思わされた。

3　海外マフィアと日本の裏社会

歌舞伎町外国人たちの住み分け事情

歌舞伎町には多くの外国人が集まっている。仕事、遊び、観光……様々な理由があるだろう。そのなかには成功者と呼べるほどの外国人もいる。この街の外国人成功者として、もっとも典型的なのが飲食店を経営していたり、ビルのオーナーになっていたりするパターンである。

以前、歌舞伎町を飲み歩いていた筆者は、「ビルの数だけ歌舞伎町には伝説がある」というようなことを耳にした。誰が言ったか忘れたが、実に歌舞伎町らしい。歌舞伎町においてビルは城であり、財産であり、墓標でもあるのだ。

ビルをめぐって争ったり、ビルを使って儲けたり。土地の余っていない歌舞伎町だからこそ成立する言葉なのだ。とはいえ、歌舞伎町でなくても、異国から来た外国人が日本で成功すること自体が、そもそも難しいとは思う。

いったいどうやって財産を築いたのだろうか。

なにより、成功者となった彼らに日本や歌舞伎町、そして、街に集まってくる外国人たちはどのように見えているのだろう。いろいろと気になることが実に多い。それでも成功者たちを頼って来日して働く外国人もいるし、他方では同胞や日本人を食い物にしようと狙っている者だっている。はっきりと素性《すじょう》がわからないところはあるものの成功者は、来日してくる外国人たちの核になっていることは間違いない。

ただし、日本人側から見れば、外国人の中で犯罪者とカタギの住み分けがあるのかどうかもわからない。そこで、過去に何度か会ったことがある事情通と呼ばれる中華料理店の経営者Ｓ氏に会うことにした。

自分の足で歌舞伎町を歩いて回るよりも、当事者に聞くほうがはるかに効率がいいうえに、日本の繁華街では、中国人をはじめとする外国人の情勢は「日本人以外」の立場にいないと見えてこない。日本人というだけで踏み込んでいけない領域というのが、どうしても存在しているのだ。

まずは歌舞伎町の外国人事情を率直に聞いてみることにした。

「最近の歌舞伎町ってどんな感じで外国人勢力がいるんですか？」

「韓国人と中国人が多くて、ほかはベトナム、ミャンマー、タイ、フィリピン。やはりアジア系が多いね。あとはガーナとかナイジェリアとかの黒人のグループ。総数でいうと１００人もいないんじゃないかな。でも、目立っているよね」

「韓国人が多いのは大久保《おおくぼ》が隣接しているからですか？」

「それもあるよね。近くに韓国人のコミュニティがあるから、そこを頼って新しい連中が入ってくる。この繰り返しで韓国人は増えていった。中国人は出身地ごとで固まる。同じ国籍だからといって仲間意識が強いわけじゃない」

これは私もこれまでの取材経験から同意できる。

日本の裏社会では、出身地による線引きはあまりされないのに対して、ニューヨークのような移民の数が多い巨大都市であれば、イタリア人、プエルトルコ人、メキシコ人などそれぞれが縄張りを形成する。さらに中国系の移民は出身地ごとに細分化して集団化する。それは仲間意識というよりも、縁故や地縁などのある人間同士で利益を独占するための、暗黙の契約関係のようでもある。

「中国人が出身地で固まるのは歌舞伎町も同じだよ」

どこか突き放している感じがするのは、Ｓさん自身が出身地の同じ中国人コミュニティがなく、独力でのし上がった過去があるからだ。正確にはひとりではなく、日本人と商売をしていき今の地位を築いたからという背景がある。

外国人でありながら、日本人のルールや感覚をよく理解している。だから商売上手などといわれる部分もある。そんな特殊な立場の外国人として日本人と交わり歌舞伎町を見続けてきたからわかる変化などもあるのだろうか。

「ランチタイムに観光客が集まってくるようになったね。人の流れが変わったように感じる。歌舞伎町はそういう人を目当てにした商売に鞍替《くらが》えしているよ。うちの店もランチの定食に力を入れてるぐらいだしね。ただやっぱり歌舞伎町は夜の街だから、風俗が盛り上がらないとね。ちょっとそこは寂しいかな」

歌舞伎町浄化作戦がもたらした影響に戸惑いながらも、街は今後も対応していくだろうと語るSさんは、少しさびしそうだった。だが、現在の歌舞伎町では外国人が関連した犯罪というのは、数多く起きている現実もある。

〝共食い〟が起きているヤらずぼったくり

2015年の4月、コマ劇場跡地にTOHOシネマズ新宿ができた。おかげで、歌舞伎町の人の流れが大きく変わってしまったとS氏は言った。その変化が風俗産業の衰退に繋《つな》がりつつあるとも。さらには、追い打ちをかける事態も起きているのだと指摘する。

「最近さ、外国人相手にぼったくりするところが急激に増えているんだよね」

「ぼったくりですか……そういえば、歌舞伎町の交番の前に『ぼったくりされた』って訴える客の列ができているって話もありますね。でも、あれは日本人がほとんどじゃないですか」

先述した歌舞伎町散歩でM君との会話にも出てきたが、２０１５年の夏頃には社会問題化してニュースでも報じられるほどになっていたので、ご存知の方も多いだろう。とはいえ、報道されていたのは日本人被害者がほとんどだった。その裏に外国人に絡むぼったくり事件があったというのは興味深いことである。

「それが外国人が被害者になるのがここ2、3年で増えたね。外国人には外国人のほうが接触しやすいということもあるので、キャッチで雇われる外国人も増えているんだよ。ひどいのは日本人と外国人が組んでいるグループもいるということ。しかも、被害に遭うのは旅行者が大半で、ぼったくられても泣き寝入りするしかない状態なんだよね」

外国人が外国人観光客を相手にぼったくるというのは納得できる。単純に声をかける言葉の問題もあることだし、日本人よりも話しかけやすいだろう。だが、そんな外国人キャッチが日本人と組んで、外国人観光客を狙い撃ちするというのは悪質だ。

観光客の日本滞在は長くても2週間程度。東京に滞在するのはせいぜい3日〜1週間もない。新宿近辺に宿をとっているのは1日というのも珍しいことではないだろう。もし自分が海外のツアー旅行で滞在した都市でぼったくりにあったとしても、その被害を訴えたりするために団体からひとり外れて残るという選択肢はないだろう。

たとえツアーガイドがいるとしても、自分で勝手についていったのだから「自己責任」ということになる。気になるのは、どんなやり方でぼったくりをするのかということ。その疑問をさらに追求することにした。

「日本の女の子とセックスできるというのを謳《うた》い文句に、外国人のキャッチが外国人の観光客に声をかけるんだ。お店まで連れて行って『店長呼びますね』と言って、日本人の店長が来て『AV女優とヤれる』とか言って前金を要求する。AV女優が呼べるわけないので、全部嘘で20万とか30万とか取って女の子とも会えない。ラブホテルやレンタルルームに連れて行って、待っていても来ないということになる」

「ヤらずぼったくりってやつですね。それがよくある手口なんですか」

「そう。増えてるんだよね」

こうした同族食いのようなえぐい展開が普通に行われているということだ。

「店長が日本人なのは重要なんですか？」

「やっぱり日本人が出てくることで異国感が湧《わ》くよね。外国で連れて行かれた店の人が外国人だと言葉通じないから、それ以上は追及できないよね」

「主導してるのって、やっぱりマフィアなんですか？」

「チャイニーズ・マフィアが仕切っているわけじゃない。ただ、そういう商売をしていれば周辺にマフィアみたいな人はいます。だけど、本業として仕切ったりはしない。リスクの大きさをわかってるんですよ」

この事例で注目するべきは、こうした違法なビジネスにヤクザ以外の者達が参入してきていることだ。カタギがカタギを騙《だま》していく。そこには国籍は関係ないのだろう。

山口組の分裂と池袋の地下社会の混乱

「そういえば、歌舞伎町ではあんまり海外マフィアを見なくなった感じですが、都内だとどうなんですか？」

「たくさんいるよ。ただ、ものすごく日本に溶け込むのが上手になって、目立たなくなっているだけ。もちろん目立ってる人たちもいるよ。残留孤児の２世や３世……怒羅権《どらごん》だけは元気ね」

つまり、現在の歌舞伎町は多国籍化しすぎて、実はある種の安定を得ているということなのだ。

「あと、中国のマフィアも東南アジアのマフィアも日本のヤクザと違う」

「違うっていうのは、そりゃあ国籍も違うから……」

「そうじゃない。マフィアの連中は普段別の仕事をしている。だから悪いことしていないと別にそのへんの人と同じ。見え目は別に怖くないね」

「ああ……」

このあたりは、本来のヨーロッパやアメリカなんかのマフィアと同じで、構成員が普段からアンダーグラウンドに生きているようなことをアピールすることはない。一般社会に完全に溶け込んでいるのだ。そのあたりは「半グレ」なんかにも近い。そして、昨今日本の裏社会で懸念されているマフィア化というのは、外国人のマフィアと同じ現象なのだ。

姿が見えないマフィアたち。それを踏まえたうえで聞いておきたいのは、どの街が主戦場になるかだ。

「じゃあ、いま一番危ないのってどこなんですか？」

「それは……池袋じゃない」

そのひとことに、池袋駅の北口がチャイナタウン化している現状を思い出した。そこには半グレとして一世を風靡《ふうび》した怒羅権などの勢力が入り込んでいる。しかも、日本のヤクザの主だったところも進出している。２０１５年に山口組も分裂したことで、池袋の地下社会はこれからいかなる混乱をもたらすのか、裏社会に興味のある人も、そうでない人も注目に値《あたい》するだろう。

しかし、池袋だけが危ないというわけでもない。かつて外国人犯罪の象徴であった歌舞伎町の濃度が低下したことは、同時に全国的に外国人犯罪が均一に見られるということでもある。では、都内の住み分けというのはいかなるものなのか。

裏社会で一般的に言われている勢力図を次に紹介しようと思うが、明文化されているようなものでも、ましてや行政区分とも違うので、一部は現実と異なるところもあるので、あくまで目安ぐらいに思っていただきたい。

歌舞伎町にひしめく暴力団勢力図

裏社会、特に暴力団が歌舞伎町でどんな勢力となっているのか。数多くの代紋がひしめきあっていて（裏社会的には12とされるが確実ではない）、組事務所だけで150、構成員は1000人いるといわれている。しかし、この認識はおよそ20年ほど前のこと。

ヤクザとして強い勢力を表立って維持できていたのは、10年ほど前まで。変化があったのは2004年、当時の石原慎太郎《いしはらしんたろう》東京都知事によって副知事に竹花豊《たけはなゆたか》が選ばれたときだ。警察庁出身の竹花は「歌舞伎町浄化作戦」を主導し、風俗店などが大規模摘発された。その結果、ヤクザの収入を支えるための屋台骨《やたいぼね》とでもいうべきみかじめ料の徴収が難しくなったのだ。

また、ドラッグ、裏DVD、裏風俗などの裏稼業の摘発や風営法改正によるホストクラブの営業時間規制などなど、次々と歌舞伎町の顔ともいうべきヤクザと繋がりのある業種が摘発されるようになっていった。

結果的に、歌舞伎町のヤクザたちは目立ったシノギができなくなっていった。

主だった指定暴力団として名前が挙がるのは、住吉《すみよし》会住吉一家向後睦会《こうごむつみかい》、幸平一家《こうへいいっか》、稲川《いながわ》会、極東《きょくとう》会、松葉《まつば》会、東亜《とうあ》会、山口《やまぐち》組といったヤクザ組織だ。それぞれの組が自分たちのシマを持っている。エリアや通りで分かれていることもあれば、ビルのフロア、店舗ごとに分かれていることもある。

歌舞伎町を代表するヤクザといえば、住吉会住吉一家向後睦会《こうごむつみかい》。歌舞伎町のみならず新宿から神田、高円寺など中央線沿線を縄張りとしている。ほかにも区役所通り沿いは山健、コマ劇前のエリアは稲川など、巨大代紋の傘下の組織が仕切っているし、明治通り沿いにある通称ヤクザマンションは、住吉の加藤連合会が入居していることでも知られている。

元々、日本一の繁華街である歌舞伎町に組事務所を構えることは、関東ヤクザはもとより、山口組のように関西拠点の組であっても一種のブランドとなっている。

これらの組は確かに存在しているが、昔のように表立って確認することは難しい。つまり、ヤクザが表舞台から消えたことで、カラーギャング（チームカラーを設定した不良集団）、半グレ、外国人などが台頭してきた。いくつかの勢力は、より稼げる場所を求めて歌舞伎町を離れ始めている。それほど、ヤクザにとっては住みにくい場所になっているのだ。

さて、このような日本の裏社会の現状を知ってもらったうえで、外国人勢力がどうなっているのかを少し紹介しておこう。

外国人の最大勢力は中国と韓国

歌舞伎町は広域指定暴力団ことヤクザ以外にも外国人の勢力がいる。ざっと挙げるだけでも、東アジアは中国、韓国、台湾、東南アジアはタイ、ベトナム、フィリピン、ミャンマー、欧州ではロシア、ルーマニアなど東欧諸国、中東はイラン、南米ならコロンビアやブラジルなど南米諸国からの自称日系人（現地で身分買いを詐称して入国するため日本では日系人となる）。さらには、前項でも説明した歌舞伎町の黒人キャッチとして知られたアフリカのナイジェリアやガーナ。主だった国々の勢力は、規模の大小こそあれども、それぞれにグループをつくって活動をしている。

彼らがいつから歌舞伎町に入り込んできたのか。歴史的に紐《ひも》解いてみると、古くは福建マフィアが幅をきかせヤクザとの抗争を繰り広げ、街の中でたしかなポジションを獲得した。そして、中国人たちの密入国を手引する蛇頭《じゃとう》、不法入国で商売を拡大する韓国人たちが目立つようになっていった。

近年では、ナイジェリアなどアフリカからの黒人グループの台頭が著《いちじる》しい。とはいえ、彼らは総数１００人程度の集団である。そこで、少数派閥の外国人や不良日本人と組んでいるのだ。そうやって数的な劣勢をはねのけてきた。主なシノギは、ぼったくりビジネスである。これによって荒稼ぎすることで、歌舞伎町で独立した勢力としてのポジションを確立している。とはいえ、目的は金であり覇権を握るとか、ほかの勢力を叩き潰《つぶ》す的な発想はない。自分たちが儲けられれば、それ以上は望まないスタンスのように見える。

結局のところ、歌舞伎町や東京のアンダーグラウンドで大きく活動している外国人の最大勢力は中国、韓国といった連中なのである。中国人勢力と韓国人勢力は、巨大であるがゆえに歌舞伎町のなかでもお互いにぶつかり合うのを避けて住み分けられている。韓国人は新大久保に近いエリアに多く、中国人勢力は歌舞伎町の隙間である。商売の場である飲食店などの店舗単位で固まっており、エリアという感じではなくモザイク状にまんべんなく展開している。

そんな外国人勢力も好き勝手に商売をしているわけではない。歌舞伎町は住吉会系の組織が仕切っている状況にあるため、歌舞伎町では外国人マフィアは、ある程度、話を通してビジネスを展開しているのだ。

日本の組織と話を通すとは、月々にいくら支払うのか、トラブルが起きた時にはどうするのかなど、極めてビジネスライクな話し合いが必要となるのだ。それができるのは、不良外国人が集まっただけの烏合《うごう》の衆《しゅう》では難しい。リーダーがいて、それに従う兵隊がいるような組織になっていないと難しいのだ。

その兵隊要員としてマフィア連中が手足として使っているのは、不法滞在者のような身分的に安定していない者であることが多い。しかし身分が不確かな人間を使うことは諸刃《もろは》の剣《つるぎ》である。自分たちの首を締めることにもつながりかねない。

実際、2003年に入国管理局の出張所が歌舞伎町に置かれたのだ。その結果、不法滞在者が次々と摘発されてしまい、大幅に減少することになったのだ。現在では留学生や永住者を含めた長期滞在者といった、それなりに身分の安定した外国人を使うことになった。

実はこうした締め付けが加速した流れの裏には、日本人の情報屋の存在があったことはあまり知られていない。といっても、正義感や外国人憎しの排他的な思想からではない。

入国管理局のホームページにある「情報受付」⁉

「こんなアルバイト知っていますか？」

そう言って私に教えてくれたのは、歌舞伎町の住人Hという男だった。

「どんなんだよ。どうせ怪しいやつだろ」

何の仕事をしているのかわからないが、いつもスーツを着ていた。身なりだけはいいというのが、Hに対する印象である。こいつと会うのは決まって行きつけの飲み屋。昼間に会ったことはないが、連絡先ぐらいは交換したことがある程度の仲を保っていた。

「まあ、そうっすけどね。丸さんこういうの好きかと思って」

「どんな話だよ？」

「実は……」

そう言って教えてくれたのは、なかなかに衝撃的な内容だった。Hは勤めている会社の給料が安く副業をしている。それ自体は決して珍しいことではない。問題は職種である。それが情報屋だという。しかもHが売るのは、不法滞在外国人の所在だというのだ。

「そんなのどこでわかるのさ？」

「別に特別なことじゃないですよ。外国人が働いている飲食店なんかで、なんとなく怪しいかなって思った奴のあとをつけて行って住所を割り出す。あとはその情報を売るだけです」

「売るってどこにだよ？」

「もちろん入管ですよ」

入管とは、入国管理局の略称である。法務省が管轄《かんかつ》する出入国管理を行う行政機関である。そこが情報を募集しているということなのだろうか。そもそもどうやって、連絡をするのだろう。こちらが気にしていることを見透かしたように、Hが続けた。

「仕事先の絡みで入管に行くことがあったんですよ。そこで知り合った人に世間話ついでに家の近所にどう見ても不法滞在っぽい外国人のたまり場みたいなアパートがあるって言ったんです。そしたら、もう少し詳しく聞きたいって連絡先を渡されたんですよ」

うまくできすぎのような気もするが、もっと驚いたのはタレコミに報酬が支払われるということだ。

「協力費ってことで5万円もらってますよ。もちろん成果があったときですけどね」

「成果ってのは、やっぱり不法滞在者がいたとき？」

「もちろんですよ。俺もいつもやるわけじゃないですよ。毎月の給料の残額と相談しながら……お金が必要な時期に集中するけど、やっぱり普段から目を配ったりとか努力も必要ですからね」

実際にあるというのがにわかに信じがたい情報屋のアルバイトだが、密告制度のようなことが許されているのが一番の驚きだった。

「そもそもタレコミっていうか情報提供は違法なことじゃないんですよ。俺も気になって入管のホームページ見たんですけど、『情報受付』というのがあって、そこにも情報くれって書いてあるんですよ」

Ｈがスマホの画面を提示してくれた。

入国管理局のホームページには、入管法（「出入国管理及び難民認定法」）で「我が国にいる不法入国者や不法残留者などを知っていたら、入国管理局などに教えていただいて結構です」と定められているという一文もあることが確認できた。ほかにも通報先の電話番号からメルアドまで複数記載されていた。

「この最後に『情報受付に電子メールを送られた方のＩＰアドレスを自動的に取得しています』ってなってるぞ。これは大丈夫なのか？」

「担当の人に直接連絡しているんで、そのアドレスじゃないんですよ。向こうにも情報源を知られたくない理由があるのかもしれませんね」

池袋を支配する中国マフィアと怒羅権

さて、こうやって歌舞伎町を中心に見てきたが、東京都内だけを見ても必ずしも新宿界隈だけが外国人マフィアのホットゾーンというわけではない。むしろ、団体観光客の流入で昼間の街として力をつけている歌舞伎町にかつてのように魅力を感じなくなった外国人勢力は、次々とほかの街に移っている。

代表的なのが池袋。外国人、特に中国人の姿が圧倒的に多くリアルに中華街となっている。ここには、半グレのなかでも巨大な勢力を誇る怒羅権も参入しており、街の状況を「10年前の歌舞伎町」と言う人もいるほどだ。

主な勢力分布でいうと、北口を含む駅西側に中国マフィアの活動エリアがある。反対のサンシャイン側は活動拠点としては重点的に見られていない。これは風俗店やキャバクラ、飲食店の出店数に比例しているからと考えることができる。同時に文京区や雑司《ぞうし》が谷《や》など、住宅地からの流れのエリアでもあるので、どうしても繁華街として発展するには向いていないところもあるのだ。アングラの住人たちからすれば旨味がないと判断されても仕方ないのだろう。

その一方で、池袋の北口には極東会や住吉や稲川のような伝統的ヤクザ組織がいまでも存在しているが、完全に掌握《しょうあく》できているわけではない。

「目立っているのは怒羅権だろう」

事情通の友人などは口をそろえて、現在の街の中心にいる連中の存在を指摘する。彼らは中国マフィアの東北系（旧満州）のターウェイ、キンザンと共に西口を支配しているらしい。その一方で、日本のヤクザとも協力関係を結んでいる。

「現在はどこも共存共栄路線です。あと歌舞伎町よりは安全だと言えます」

警察ともパイプのある元ヤクザがこのように語っていたのが、今の池袋をあらわすキーワードなのかもしれない。

さらに今後注目しておきたいのは、第三の勢力である。現在の外国人勢力が薄くなったところに別の勢力が参入してくるのではないかという噂があるのだ。それは高田馬場《たかだのばば》に多いミャンマー人たちだ。池袋と新宿の間という立地の良さから、両方に少人数で入り込み勢力を拡大しようとしている。なかでも、歌舞伎町に進出しようとする少数グループがいるといわれている。

警察関係者にこのことを取材したが、「目立った動きをしている（ミャンマー人）グループはいない」とのことだった。

いまだ顕在化《けんざいか》していない第三の勢力の存在は、今後明らかとなる可能性もあるため目が離せない。

第3章　日本で暗躍する外国人

1　東京に外国人犯罪者たちが集まった時代

歌舞伎町《かぶきちょう》の外国人事件

ここまで歌舞伎町で起きた外国人が絡んだ事件などを紹介してきたが、少しばかり時系列の流れを整理したい。そもそも歌舞伎町は戦後の闇市にルーツをもつ歓楽街である。その歴史を紐解《ひもと》くために現在も象徴的に語り継がれ、人々の記憶に刻《きざ》まれている事件を紹介しつつ、現在に直接繋《つな》がりのある近年の流れを紹介しておきたい。外国人事件史ともいうべきまとめ方をすることで、歌舞伎町がより立体的に見えてくるだろう。

まず、１９９０年代以前には台湾マフィアの警官射殺事件などがある。どの事件も組織としての行動原理や裏ビジネスに絡んだ事件ではなく、個別の案件でそれほど目立ったものとしては記憶されていない。歌舞伎町の外国人事件としては90年代に入ってからがスタートだろう。

1994年8月　快活林《カイカツリン》（青龍刀《せいりゅうとう》）事件

中華料理店・快活林に刃物をもった中国マフィアが乱入&襲撃。従業員や客を殺傷した。ながらく中国マフィアの代名詞として語られる事件となる。

２０００年〜　福建《ふっけん》マフィアクラブ強盗事件

福建系マフィアによる中国マフィアの共食いのような攻防が頻発した。加害者も被害者も密入国者や犯罪者で表沙汰になることはなかった。当時、都心を荒らしまわった中国系窃盗集団の爆《ばく》窃《せつ》団《だん》との関係も取り沙汰された。

２００１年９月　歌舞伎町ビル火災

死者44人を出した大規模な火災。築年数が40年以上経過したビルであったことから犠牲者数が増えたと言われており、ずさんな防災管理が問題視された。

大きな事件が起きるたびに規制を強化する口実となり行政が動くことになるのだ。

２００２年９月　パリジェンヌ事件

中国東北マフィアによる暴力団幹部射殺事件。以後、歌舞伎町の外国人犯罪の象徴として語られる。

２００２年10月　歌舞伎町異臭事件

パリジェンヌ事件の報復として中国クラブに催涙《さいるい》ガスが投げ込まれた事件。

２００４年　歌舞伎町浄化作戦

石原慎太郎《いしはらしんたろう》都知事（当時）が主導した違法風俗店の摘発や暴力団への取り締まり強化による治安の改善作戦。横浜・黄金町から風俗店を一掃した「バイバイ作戦」と並んで、繁華街の流れを大きく変えることとなった。

2009年2月　ナイジェリアクラブ客凍死事件

飲み物に薬物を混入させるなどして昏睡させた客から金を引っ張り、そのまま路上に放置して凍死させたナイジェリア人が逮捕された。同様の手口で3億円を稼いだ。

2010年〜黒人キャッチの台頭期

2012年9月　ヤクザの黒人狩り（黒人キャッチとヤクザとヤクザの乱闘事件）

黒人のキャッチが暴力団組長を殴ったことで、ヤクザとの抗争となった。ヤクザが黒人のキャッチを追いかけるところから通称「黒人狩り」とも言われる。

２０１０年代からは、黒人勢力の台頭にともなってぼったくり被害が増えてきた。注目すべきなのは、逮捕される際に暴力団組員を含む日本人の名前がちらつくようになってきたことである。これは、日本人と海外マフィアが結びつくようになったことを示している。

歌舞伎町の方向性を大きく決定づけたのが、２００４年の浄化作戦である。この前夜の歌舞伎町でいったいなにが起きていたのかについて、思い出話ついでに少し掘り下げておきたい。

浄化作戦前夜の国をまたいだ裏ビジネス

外国の犯罪組織が他国、つまり日本のカウンターパートと協働関係で国境を越えて利益を生み出していくということ……平たく言えば「もちつもたれつ」については、私にも覚えがある。10年近く前、歌舞伎町浄化作戦が実行される少しだけ前に、私は新宿の木造モルタルの建物が並んでいる路地にある中華料理屋で飯を食いに付き合わされたことあった。

　別に飯ぐらいと思うだろうが、私としてはいまひとつ気分が乗っていなかった。というのも、誘ってきたのが何の仕事をしているのかよくわからない、職業不詳を絵に描いたようなオジサンだったからだ。当時は駆け出しのライターとして歌舞伎町を駆けずり回る毎日を送っていたので、こうしたいかにも怪しげな知り合いも多かった。だが、怪しい人が持ってくる話はとにかく胡散《うさん》臭《くさ》い。巻き込まれていいことなんてひとつもなかった。

「好きなもの頼めよ」

　いかにも「俺の奢《おご》りだ」と言わんばかりのオジサンだが、最後の最後で「割り勘で」と平然と言ってくる気まぐれさを兼ね備えているため油断できない。私はビールと適当なつまみを注文。オジサンはウーロンハイなどを注文した。ほどなく飲み物が配膳され、料理が出てくるまでの間に交わした雑談で思いもよらないことを言われた。

「丸山さあ、この店って上の階がどうなっているか知ってるか？」

「知りません。従業員の寮とかですか？」

「普通はそう思うよな」

「なんなんすか、その含みのある感じ……」

このオジサンがこのように意地悪く質問してくるときには必ず裏がある。だが、その裏を読み切っても余計な意地悪を追加されてしまうので、ここはおとなしく解答が示されるのを待つのが得策であろう。ビールを飲み込んで間を潰す。

「ここ、窃盗団の荷物置き場になってんだよ」

「窃盗団ですか？　ずいぶんと突飛ですね。それって従業員が盗んでるんですか？」

驚いたが興味が先走る。どう見ても普通の飲食店。むしろ、やや人気のある店という風合いだ。そんなところに窃盗団とは、興味を惹かれないほうがおかしな話だ。

「バカか。そんな簡単に足のつくことするかよ。ここの店の連中が窃盗団と知り合いで、食材を置いているところに盗んできた品物を置いておくんだよ」

「じゃあ、ここって中国マフィアなんかと繋がりあるんですか？」

「マフィアっていうか、犯罪グループじゃねえかな。そんなに組織化してる感じじゃないけどな」

「そんなことをそのグループの連中だけでやってるんですか？」

気になることは多いが、とにかく全貌が把握したかった。オジサンの顔色が変わるのも構わずとにかく突っ込んだ。すると、オジサンの方もやれやれといった表情を浮かべて、観念したように話し始めたのだった。

「そのへんは色々だ。ヤクザに依頼されることだってあるらしいし、すぐに金になる貴金属を狙うこともあるし、現金だって盗むだろうよ。あとはここの倉庫には入らないが車の窃盗なんかをやってる奴らもいるみたいだ。あれは金になるからな」

「中古車は外国に持って行くんですかね？」

「そりゃあそうだろ。日本車はどこの国でも人気だし、中国人が盗んだからって、中国に輸出するわけじゃなく、仲介してくれるブローカーを通して他の国に持って行くことだってある」

「裏社会も国際化してるんですね」

「まあ、そういうこった」

こんなやりとりをしてから食べた料理は、本場の遠慮のない味がした気がしたのをぼんやり覚えている。


さて、ここで紹介した犯罪が越境犯罪と言えるだろう。外国人が日本にやってきて、日本の組織と協力したりする。もしくは、本国に非合法な手段で入手した商品やお金を送るといった感じだ。ひと昔前の歌舞伎町あたりでは、盗品が主流とまで断言はしないが、主な裏の流通商品だった。そうした商売をするために多くの外国人が日本を目指して密入国してきたという経緯があることからもわかるだろう。違法な行為や商品が国境をまたぐことで商売になった。そんな時代がたしかにあったのだ。

異なる国から国へと移動することはそれだけでリスクであり、境界にはかならず両国の関所がある。イミグレーションと名を変えたところで、これまでも、これからも関所が機能する限り、国境というハードルを越えることで商売になるという本質的には大きく変わっていないと思うのだ。それほど、国をまたいだ裏ビジネスというのは難しいところがあるからだ。

新時代を象徴する事件「黒人狩り」の現場から

歴史的な転換点・歌舞伎町浄化作戦を経て歌舞伎町からは、多くの裏商売が姿を消していった。なかでも裏社会の総合商社ともいうべきヤクザとヤクザがかかわる仕事が目立たなくなったのが大きい。

表立ったところでは、地回りや示威《じい》行為としての街角に立つことなどだ。すっかり、その姿を街から消してしまったように見えるのだが、実態としては完全に消え去ったわけではなく、目立たない行動を取らなくなっただけにすぎない。

その逆をいくように外国人マフィアや半グレなどの不良連中が目立つようになってきたのが、2010年代である。ヤクザというこれまでに押さえつけられていた重しがとれたことで、歌舞伎町のルールを知らない連中が増えていくのは自然の流れだった。それでも伝統的な暗黙の掟《おきて》というのは依然として残っていた。

たとえば歌舞伎町の喧嘩では、「一発殴ると10万円」が基本である。これは住人なら誰しも知っていることである。路上で酔っぱらいがキャッチを殴ってしまい、その直後に逆にボコボコにされた挙句に「歌舞伎では一発10万だかんな」と凄《すご》まれていたのを見たことがある。差し引きだと後から殴ったキャッチのほうが借金になるのではないかと疑問に思ったものだ。そのほか、同様に「キャッチはヤクザに声をかけない」も常識である。そんなルールも知らない黒人キャッチが引き起こしたのが、２０１２年９月のヤクザの黒人狩り（黒人キャッチとヤクザの乱闘事件）だったのである。その現場はＭ君との歌舞伎町街歩き（68ページ）でも紹介している。

実はあの日、私は現場にいた。その後の歌舞伎町で伝説的に語られる浄化作戦後、最大にバイオレンスな物語となっている。

では、当時、いったい何が起きていたのか、すこし昔話になるが紹介しておこう。

黒人VS.警官の大乱闘

夏の終わりを迎えた９月のある夜、私のところに突如、一通のメールが届いた。

――いま、黒人たちが暴れています。見に来ません？

差出人は、歌舞伎町でレンタルルームの店員をしている知人だった。その男が言っている意味は、字面だけではっきりわからないが、添付されている写真をひらいてみると、警官と黒人がもめているのがわかる。すぐにtwitterで「歌舞伎町」「黒人」で検索したが、特別に情報は出てこない。

――すぐに行くから、状況把握しておいて。

とにかく現場に行かなければ。そう思って返信をすると同時に歌舞伎町に向かったが、到着したときには警察によって騒ぎの大半が収束させられていた。それでも、くすぶっている火種がそこかしこにあるような、完全に終わりきっていないイメージだ。それならばと、周辺のキャッチの人達に何が起きたのか聞き込みをしてみた。すると、声をかけたキャッチは私のことを何度か歌舞伎町で見たことがあるらしく、気さくに教えてくれた。

「黒人がヤクザを殴っちまったみたいなんだ」

「それは、いくらなんでも、まずくない？」

「連中は俺達の区別がついてないからな。すっかり大事になっちまったよ。でも……」

「でも、なんすか？」

「なんか昔の歌舞伎町みたいで面白かったよ」

ここまで大規模ではないにしろ、外国人トラブルは繁華街なら起きるものだ。しかし、手を出した相手が悪かった。まさかの現役のヤクザで、相応の立場にある人物。おまけに歌舞伎町のルールにのっとって、きちんと対処した相手を理不尽に殴りつけたのだから、黒人側としては擁護《ようご》のしようもない。普段は歌舞伎町のルールに疎《うと》い連中だが、今回ばかりはヤバイと思ったのか、その後、あずま通りやその周辺から、黒人たちは一斉に姿を消したのだった。

外国人犯罪は、氷山《ひょうざん》の一角《いっかく》としてしか報道されないのが常である。この事件にしても浄化作戦後最大級のトラブルであるはずなのに、一般のニュースではほとんど報道されなかった。

外国人犯罪への関心が薄いというのは否《いな》めないのだが、それでも黒人とヤクザの抗争ともなれば、日常的に繁華街をうろつく身からすれば、こうした外国人の動向ぐらいは広く知らしめるべきだと思うのだ。

2　深く潜《もぐ》っている外国人犯罪者

素顔の見えない外国人犯罪者たち

日本の中で外国人犯罪を追いかけて行くと、どうしても見えてこないのが「顔」である。具体的な姿形、容姿や名前といったものがまったく想像がつかない。もちろん外国人の犯罪者のなかには、オサマ・ビン・ラディンのように、誰もが顔と名前が一致しやすいほど、顔と名前の知られた犯罪者もいる。だが、どんなに記憶に残る事件だとしても、国内の犯罪者の人となりというのはなかなか見えてこない。

たとえば、2003年6月20日に発生した中国人留学生3人による福岡の一家4人惨殺事件は注目を集めた。しかし、王亮《ワンリャン》（当時21歳）、楊寧《ヤンニン》（当時23歳）、魏巍《ウェイウェイ》（当時23歳）の名前は繰り返し報道されたものの、残虐な犯行内容や犯行後に中国に帰国していた犯人たちの扱いなど国際捜査や司法にばかり関心が集まり、犯人の人となりはあまり知られることはなかった。

一家4人の殺され方が残忍過ぎたために報道規制がかかったのではないかとする見方もあるが、衝撃的な事件であったにも関わらず、当時も現在も彼らの人格や個性を知る人は少ない。また、外国人犯罪という特殊性から、個人の正体が明かされないケースもある。

外交官特権で逃亡を許したガーナ大使

2014年に巷《ちまた》を騒がせた事件に大使館カジノの摘発があった。現役のガーナ大使が借りていたビルの一室で違法カジノが運営されていたという。ところが逮捕されたのは、運営をしていた日本人だけ。

カジノは日本では認可されていないので違法となるのだが、インターネットカジノなどはサーバを海外に置くなどして摘発を免《まぬが》れたりしている。しかし、店舗としてカジノを構えているのは言い訳ができない。そんな場所を、駐日ガーナ大使が「大使公邸」として借りていたのだから、逮捕されても仕方ないはず。

ところが、外交官や公館の不可侵を定めた「外交関係に関するウィーン条約」には、フィクションなどでは時々でてくるいわゆる「外交特権」と呼ばれる権利がある。そのため、外務省に届け出られている施設は、捜査機関の捜索ができないのである。

闇カジノの運営者たちはこの権利をふりかざして、「うちには外交官特権あるから摘発されないんですよ」を謳《うた》い文句に客を集めていたというのだ。このような大使館カジノの存在は、裏社会好きの間では都市伝説的に語られることがあったが、実在はまことしやかに語られてきた。北野武監督作品『アウトレイジ』に登場したことでも知られており、裏ギャンブル好きにとっては、いつかゲームをプレイしたい場所のひとつだったのだ。

さて、問題の日本人だけが逮捕された大使館カジノの件だが、密接な関係であった大使は外交官特権で捜査が及ばず、外務省ルートで任意の事情聴取を要請するに留《とど》まっている。よほどのことがない限り、両国の関係性を発展的に考慮してうやむやになってしまうという。

大使に本国でどのような処分が下るかわからないが、日本国内ではこれで終わりである。そして外交特権に守られた彼の顔、名前といった個人情報はほぼ表に出ることなく、時間の経過とともに忘れ去られていってしまうだけなのだ。

日本犯罪史に刻まれた特異な外国人犯罪者

このように、どうしても見えてこない外国人犯罪ではあるが、なかには例外的に、犯罪内容よりも人となりに注目が集まることもある。そのあまりに特異な半生から、日本の外国人犯罪史に名前が残るかもしれない外国人犯罪者を紹介しておこう。

ナーセリーラド・アムロラー

この名前を聞いてピンとくる人は少ないだろう。彼は日本に住むイラン人男性で、肩書はというと「元住吉会系暴力団桂真会会長」である。つまりはヤクザ、それも組長だったのだ。

彼の存在が全国的に知れ渡ったのは2014年3月のこと。ナーセリーラド元組長が借りていたさいたま市内の倉庫から、転式拳銃1丁と実弾23発が発見され、銃刀法違反(加重所持)の疑いで警視庁組織犯罪対策2課に逮捕された。

通称「組対」はヤクザを相手にした専門の部署でもあるので、警察が外国人組長の事件に対して抱いていた警戒心の大きさがうかがい知れるだろう。この事件は彼の逮捕と同時に一気に知れることとなった。

事件を知った人の多くが気になるのは、イラン人がいったいどうやってヤクザになったのかということだろう。

ナーセリーラド容疑者は1979年イラン革命が起きた年に来日し、3年後の82年頃に住吉会系暴力団の組員に誘われ、組員になった。動機はシンプルなもので、来日してから知った任侠映画やヤクザ小説に魅了されたからだった。その後、日本人女性と結婚して、永住資格を得た。ナーセリーラドのように結婚で永住資格を得るのはよくある手段なのだが、結婚生活は94年まで続いたというので、案外惚《ほ》れた女として大事にしていたのかもしれない。

さて、ナーセリーラドは組員としてのキャリアを30年も積み上げたことで、組織内でも認められるようになった。２００９年には先代組長が亡くなった団体を引き継ぐ形で「桂真会《ケイマカイ》」と改名し、初代会長に就任した。今風に言えばオーナーチェンジということになるが、それでもマンションの名義を売り買いするのとはわけが違う。裏社会で一定の信頼と実績がなければ、認められるはずもないのだ。

住吉会系の３次団体で組員も10人に満たない小規模なものだったので、運営の苦労は相当なものであったであろう。３次団体クラスだと毎月の上納金（会費）や義理事の出費だけでも相当な負担となる。末端の団体の悲哀というのは、組員のみならず組長をも追い詰めてしまう。結局、就任から４年で体調を崩したナーセリーラドは会長を退《しりぞ》いてしまった。

外国人がヤクザの組長となったレアケースについて、警察幹部などは「イラン人には、もともと違法薬物や拳銃などの独自の密売ルートを持っている者もいる。暴対法や暴排条例などで暴力団を取り巻く環境が厳しくなる中、ナーセリーラド容疑者の背後にあるイラン人コネクションが魅力的に映り、重用するようになったのではないか」と推測したコメントを出している。

だが、海外ルートや外国人コネクションがきちんと機能していたら、もっと大きな団体へと展開していたのではないかと思うのだ。とはいえ、ヤクザが外国人と組むメリットがある以上、外国人がヤクザになることも、日本や海外で犯罪がしやすくなるメリットが確立していけば珍しくなくなるかもしれない。

実際、ヤクザの世界では外国籍の組員に対して寛容な風潮もある。ある意味、国際感覚が優れているとも言えるのだが、積極的に海外に打って出る姿勢のほうが賞賛されているようにみえる。より正確に言えば、海外に出て商売相手が外国人であろうと、誰であろうとも金を稼ぐのが偉いということのようだ。そして、そういう者ほど出世の早い世界なのである。

あの有名人の父親が犯罪者だった

もう一人、外国人の犯罪者を紹介したい。日本犯罪史に名を残すほどの重罪を犯したわけではないが、ある意味では我々の記憶に鮮烈に残っている。罪名は詐欺容疑で、具体的には海外療養費不正受給。２００７年に、バングラデシュの病院で治療していないのに、多摩市役所へ虚偽の書類を提出して国民健康保険療養費約98万円をだまし取った疑いをかけられたのだ。つまり、海外で入院したり医者にかかったことを偽装して、日本に戻ってきたら保険料金を請求するというものだ。

「バックパッカーならよくある話じゃない？」

このように、私のまわりの不良っぽい日本人のなかには、犯行自体は日本人であっても手を出しやすい、比較的どこにでも転がっているような話だ、という者も多い。問題なのは、逮捕されたバングラデシュ人のジュリップ・エイエスエイ・アル氏が、人気モデルでタレントのローラの実父であるということだ。

名の知られた人気タレントの父親が起こした事件であったことから、世間の注目が集まるのも無理からぬことだった。

事件発覚直後、ローラは「今日ニュースでみてとてもびっくりしました。父がご迷惑をおかけしてすみませんでした。とても悲しいです。本当にごめんなさい」とコメントを出した。

このあと、マスコミ各社はローラの父親の正体を暴くのに躍起《やっき》になった。

一部の報道では、パキスタン系のマフィアグループのメンバーや元締めであるという説も流れたが、確証は得られていない。

事件が広がりを見せたのは、ジュリップ氏が海外に出国していたため国際指名手配をされてしまったことにある。罪の内容よりも指名手配という言葉が重くのしかかったといえるだろう。その後、２０１４年7月26日に弁護士とともに出頭し、その後の判決では懲役2年6月、執行猶予4年となっている。

だが、本人にとってもっとも重くのしかかったのは、賠償金の２００万円と保釈金３００万円の合計５００万円を子供たちが用意してくれたということだろう。犯行の動機として、「経済的に苦しく、子どもの教育費の支払いが厳しかった。詐欺と認めると子どもが〝犯罪者の子〟になってしまうと思った」

あくまで子どもたちのためであると語っていたが、結果として最低の結末を迎えることとなってしまったのである。

もともとは成功を夢見て日本にわたってきたジュリップ氏。レストランや中古車輸出販売会社を経営するなどアグレッシブに活動していた時期もあった。そういうジャパニーズドリームを抱いている外国人はいまだ数多くいる。そんな人々のうちのわずかひとりではあるが、現実の厳しさをつきつけられる事件でもあった。

第4章　外国人の裏風俗

1　裏風俗の名所in新大久保の女たち

西武新宿横のセックス事情

「日本で外国人犯罪に巻き込まれた！」

そういう被害を訴える人の多くは、外国人が働く裏風俗に行ったのではないだろうか。別に偏見ではなく、セックスが絡《から》んだ場所というのは国境や国籍に関係なくトラブルが多いのだ。風俗に来る男は金を持っている。家賃光熱費や飲食ではなく、セックスの欲求を満たそうとする金である。冷静に考えれば、ひと晩に2～3万円を生活必需の要素ではないものに使うということは、かなり贅沢なことである。それもひとりではなく何百、何千という単位の人がひと晩に落としていくのだから、風俗が産業として成立するのもうなずける。

歓楽街にくる男たちの財布に詰まった万券を一枚でも多く引っ張り出そうとする女と、いくらでも安くセックスをしようとする男たちとの戦いが、日夜繰り広げられているのだ。

それを証明するように、歌舞伎町《かぶきちょう》にいる外国人の大半は女性であることが多い。主に小売・飲食業、その他として性風俗サービス業に従事している（偏見めいているが、実際にそういう女性がいるのだから仕方ない）。彼女たちの大半は1円でも多く稼ごうと思っている。自分の「女」を売ることができる時期はそれほど長くないことをよくわかっているからだ。だから余計に限られた期間で一気に稼ごうと、ときには無茶をすることもあるのだ。それほどの熱量でセックスを商品として展開する場所はめったにない。

そこで、前章でも一緒に歌舞伎町を歩いたM君とともに歌舞伎町の外国人風俗の名所を歩いてたしかめてみることにした。

まず向かったのは、西武新宿駅界隈だった。このエリアは、中国女のマッサージ客引きが多い。前章の携帯電話（自発的）盗難取材（73ページ参照）での思い出話をしていると、私とM君のところに案の定、たむろしている中国人女のひとりが「マッサージ」と声を掛けてきた。年の頃なら40過ぎ。シワはないが、肌はややたるみ、疲労の色濃いところが性欲を一切そそらない。私がすぐさま断ろうとするが、M君が私の動きをそっと制した。そして、まったく予想外の切り返しをしたのだった。

「そのへんで抜いてくれない？」

この返事にきょとんとしていたのは私だけであった。女は客としての我々をあきらめた様子はない。どうやらM君の言った意味がわかったばかりか、より細かい交渉に入ろうとしていたのだ。

「そのへん？」

「そう。ホテルじゃなく」

「あなた、スケベじゃない？」

「いやいや、スケベだよ。すぐに射精したい」

「ホテルじゃないとセックスできないよ」

こんな押し問答が続くかと思いきや、M君はまたしても予想の斜め上の切り返しをした。

「だからコレだけでいいよ？」

手を上下に動かすM君。世界共通で伝わる「手コキ」のジェスチャーだ。それを見た中国人女性2人組は、さすがに一瞬困惑した顔を浮かべた。いくら手馴れているとはいえ、ここまで露骨に要求や交渉されると、プライドが傷つくだろうし、そもそも通行人に見られて恥ずかしい。こちらの羞恥心をよそにM君が続ける。

「それだったら……」

さらなる値段の交渉を始めたが、どうしても金額面で折り合わなかった。その間も、「もし合意できたらどうなるのだろう」と、ひとりでM君に続く覚悟だけは固めていたところ、M君が首を横に振りながら、私の目を見てくる。

「ダメダメ。全然下がらないよ。高い」

ひとしきり交渉を終えたM君のことをあきらめた表情で見送る女達を尻目に、どんな交渉だったのか、そのあたりのことを詳しくM君に尋ねると、大前提として彼はすでに経験済みだという。

「連中は〝野外サービス〟もやっているんだよ。ペペ横の茂みの中で手コキしてくれるわけ。俺がやったときは３０００円だった。今日はめちゃ寒いからって５０００円から落ちなかったんだよね」

西武新宿線横のエリアには中国系マッサージ店が集まっているのだが、新宿の外国人女性とのセックス事情はこれに留まらない。よりディープな現実を求めてさらなる新宿散歩が続いた。

外国人が多い新大久保の売春スポット

「あのさ、新大久保のほう行ってみねえ？」

西武新宿エリアを後にした私がＭ君に提案したのは、新宿駅の隣のエリアだった。山手線（新大久保駅）と総武線（大久保駅）が通っている。ここに行きたかったのは、立ちんぼをチェックしたかったからだ。

私が東京に来た１９９０年代の終わり頃には、中南米を含めた世界中の女達が並んでいた。はじめて見たときには衝撃を受けたものだ。値段を確認して交渉に入るなど夢のまた夢。ただ、この界隈を歩いているだけで満足したものだ。その後は東南アジア、中国系と街娼の国籍も変わってきたが、２０１５年前後は台湾人が多くなっている。新大久保にあるラブホテル街には時を経ても女が立ち続けてきたのだ。

新宿にはいくつか売春スポットがあるが、代表的なのがハイジア（東京都健康プラザ）前のスペースと、大久保公園の周囲、新大久保のラブホ街である。前のふたつは日本人が多く、大久保は外国人が多かった。ルックス面での質という点では著しく劣るが1万円以下で、ホテル代も歌舞伎町のラブホテルに比べれば安く済むし、とにかく抜きたくてたまらない人なら問題ないレベルである。

さらに蛇足になるが、新宿のラブホテルには価格帯をはっきりとわける境界線が存在している。それが大久保エリアと歌舞伎町2丁目を分断する職安《しょくあん》通りだ。どちらもラブホテルを多く含んでいるが単価が大きく違う。たとえば泊りだと歌舞伎町なら1万5000円ほどかかるのに対して、新大久保のほうは1万円以下という感じだ(あくまで著者調べのため値段のばらつきは当然ある)。雰囲気は大久保エリアが昭和レトロなのに対して、歌舞伎町はイマドキな感じだ。

また、飲食店が集中する歌舞伎町1丁目(ドン・キホーテから旧コマ劇、現TOHOシネマズ新宿のあるエリア)から大久保までは距離があって、その界隈の飲み屋で口説いてから連れ込むまでに女の子の気持ちが覚めてしまいかねない。そんな危ない橋を渡って勝率を下げないためにも、男からは敬遠されてしまうのである。流れをとるか値段をとるか、男性諸君には現実的な問題の多いところでもある。

中国語を操る客引きと女体盛り

さて、西武線脇の道から大久保を目指すと、職安通りにかけて観光バスが駐車しているのが目に入ることが多い。これらは主に中国人観光客を乗せてきたバスで、彼らが観光中に駐停車している車両なのである。

「本当に中国人観光客が増えたね」

「そうだね」

こんなやりとりはM君が相手でなくても、いろんな人と腐るほどしているが、観光客に我々のような市民が迷惑をかけられることはまずない。むしろ中国人客相手の客引きが出るほどで、歌舞伎町の経済に貢献しているともいえるだろう。

「最近のキャッチのなかにすげえのがいるの知ってる？」

「なに？　ボッタクリとか？」

これまでの取材の経緯から、浮かんだのはそれぐらいだった。M君は「そのぐらいだよね、知ってるのは」と言わんばかりにニヤニヤしていた。

「違うんだよ。観光客目当てなのは同じなんだけど、引っ張ろうとする先がすごいんだ」

「というと？」

「女体《にょたい》盛り。裸の女に刺し身とか乗っけるやつ」

近年の中国人観光客の増化を受けて、歌舞伎町に中国語を操る客引き（そもそも中国人）が増えているのは、これまでに述べてきたとおりだ。彼らは主に飲食店などの客引きをしている（キャバクラのように客が日本語を話せないと楽しめないような店は紹介しない）。そのなかには、風俗店を斡旋《あっせん》する者がいるというのも耳にしてはいた。とはいえ、ヘルスやおっパブがせいぜいといったところ。女体盛りで遊べる店というのが本当にあるのだろうかと思うだろう。

ところが女体盛り自体は珍しい遊びではない。お店の常設のサービスとして提供しているところはかなり限定されるが、クラブで開催されるようなアダルト系のイベントとして催《もよお》されることもある（店舗の場合、保健所の許可が必要になることもあるそうだ）。たしかに外国人受けしそうなサービスではある。

「客引きの連中が観光客に『ジャパニーズ、ニョタイモリ』って声かけているんだよ。俺もついていったんだけど、突き止めた店の入り口には鍵がかかっていたんだよね」

興味津々でM君の話を聞いてしまったが、最後の施錠というあたりが無許可の匂いを感じる。そもそも個人では入れそうにないのがわかるので、無駄に時間を費やす必要もないだろう。多少は心惹《ひ》かれる部分はあるが。

「そのうち確かめに行けたらいいね」

そう言って、軽く流した素振《そぶ》りをしつつ、職安通りをわたって大久保エリアに入った。このエリアはすでにコリアンタウンとして全国的な知名度を獲得しているので、ご存知の方も多いだろうが、韓流アイドルのグッズを販売しているのは昼の顔、夜の顔は韓国料理屋、深夜の顔は韓国人ガールズバーだろう。

特に違法な商売ではないが、韓国人女性好きの日本人が夜な夜な集まってきて口説き合戦が繰り広げられる。うまくいく人もいれば、あっけなくあしらわれることもある。不思議なことに、この街に集まる韓国人が立ちんぼとして街角に出ることは皆無である。とはいえ、韓国人の裏風俗というのは、２０００年代の初頭から日韓関係が悪化した12年ごろまで流行していた。

裏風俗として流行したのは大人のパーティーである。名前だけ聞くと健全だが、定額制の乱交パーティーだとご理解いただければ間違いないだろう。スポーツ新聞の３行広告やネット掲示板などで募集した客が、店の指定したマンションの一室に集結して２〜３万円で２、３人の韓国人女性をとっかえひっかえして遊ぶというものだ。

２００５年から来日韓国人がビザなしで90日間滞在できるようになったことで、韓国の女子大生を中心に出稼ぎしてくるようになったのだ。私には韓国の大学で教鞭《きょうべん》をとっている学生時代の同期がいるが、彼は「格差が広がって学費が払えなくて休学している学生も多いよ。日本に行ってアルバイトしてるらしいって話は聞くけどね」と語っていた。そんな背景もあって、韓国人風俗が流行していたわけだ。

レプリカ警察手帳でホテルに連れ込む⁉

さて、肝心の新大久保の立ちんぼはどうだろう。ラブホテルが細い路地にそって居並ぶ道の際に女の子たちが立っている。特別に警戒している様子はないので、こちらから積極的に話しかけにいきやすい。ちらっとM君を見る。

「あ〜相当レベル高いね」

M君がなにげに呟《つぶや》いた言葉からもわかるように、年齢は30歳前後から40歳ぐらいでルックスはそれほど悪くない。

「どこの国の人？」

「値段は？」

そんな質問をぶつけると、「台湾から来た」「1万円」と返事が返ってきた。値段を考えると十分に費用対効果の高い物件だと言えるだろう。これまでの新大久保の売春婦事情を考えてみると質は高まっているように感じた。ちなみにこの街の立ちんぼに対しても、本番だけではなく手コキのサービスも利用できるそうだ。プレイ場所は、『K』というホテルの駐車場がこの界隈《かいわい》の売春婦たちの手コキに利用されている。値段は一気に下がって3000円ほどが相場だという。

「ここの連中とただマンかます方法もあるけど試してみる？」

「さすがにそれは不味《まず》いだろ。というか、俺達が犯罪してちゃ意味ないから」

そう言って却下した方法というのが、実にきわどい。区役所通り近くにとあるショップがある。そこにはレプリカ警察手帳が販売されているのだ。偽物といっても、これが実によくできている。チラッと見るだけだったら、まったくもって判別がつかないだろう。それを売春婦にちらつかせて「見逃してやるから付き合え」とちょっとカマせば、十中八九でOKが出るのだ。こんなやり口でホテルに連れ込む手口が、歌舞伎町の小悪党の間で一時期流行した。

「それにここの女ってだいたい紐《ひも》付きだろ。男が出てきたらトラブルになるって」

私が警告したのは、立ちんぼは単独で商売しているのではなく、マフィアやギャングでないにしろ男が裏で糸を引いている。その連中が出てきたら厄介だということだった。

「外国人と日本人が絡んだトラブルで一番巻き込まれやすいのは、いつだって女が絡んだ時だよ」

不意に自分で言ったセリフが不思議といつまでも耳に残っていた。実際に女へちょっかいを出してから巻き込まれるトラブルの敷居は、本当に低いのだから仕方ないだろう。必要なのはちょっとの現金と性欲だけなのだから。

2　外国人女性がもたらす色と欲に目がくらむ男たち

ドキュメント！　美人局《つつもたせ》は雨の錦糸町

美人局という言葉を知っているだろうか。女遊びを経験してきた男性諸君には馴染《なじ》み深いのだろうが、まったく知らない人もいるであろうことを考慮して、ここで意味を紹介しておく。

この言葉をものすごくざっくりと噛み砕くと「女が男と組んで、客（カモ）になりそうな他の男を誘い、乗ってきたところで男が出てきて言い掛かりをつけて金を巻き上げること」である。

さらに簡単にいうと強請《ゆす》りである。

前項で外国人犯罪でもっとも簡単に巻き込まれやすいのが女絡みだと言ったが、そのなかでも美人局は、日本人男性がよく引っかかる手口だ。そこで、実際に起きた最新の美人局の手口をここでご紹介しておきたい。

実際に起きたことなので登場人物についても触れておこう。主人公は友人のR君（仮名・30代バツイチ）である。エンジニアをしており、収入はあるが彼女はいない。これまで国内外でそれなりに遊んできたので、女に慣れていないわけではない。

まず、R君は出会い系サイトでロシア人女性と知り合った。使ったのはロシア発祥の出会い系アプリ「nao badoo」。ただし、ロシア人の登録が多いわけではないらしい。フェイスブックに勝手に連動するなどのトラブルが多いうえに、登録の解除が面倒らしくあまり評判は良くない。

この手の出会い系では最初はお互いに警戒するものだが、ロシア人女性は積極的で、すぐにLINEのIDを交換して直接の連絡に切り替えた（出会い系サイトだと、自前のサイト内メールなどでやりとりをさせて課金するシステムを採用しているところが多い）。

R君は、「どこに住んでるの？」「暇ある？」といった自己紹介的なメッセージの次に出てくるテンプレなメッセージを3回ほど応酬しただけで、あっさりと会う約束を取り付けた。ただし、その場所は向こうの指定で錦糸町《きんしちょう》である。

ロシア人に錦糸町というだけで美人局の匂いを感じ取れる人は、それなりに事情通である。もしくは経験者かもしれない。もちろん、女遊びをそれなりに経験してきたR君も危険信号が点滅していることには気がついていたという。

「錦糸町で飲んでみたかったのと、どんな展開になるのか気になる好奇心に勝てず……」

当時を振り返ってそんなコメントを寄せている。よくもまあ自分の恥部ともいうべき失敗談を公開できるものだと呆れつつも、ハートの強さに感心である。とはいえ、それぐらい鉄の精神を持ち合わせていないと、外国人と出会い系サイトで会おうということにはならないだろう。

ともかく約束の日を迎えた。東京都下住まいのR君は片道約1時間かけて錦糸町に向かった。おりしも雨の降る日で多くの人は家路を急いでいたというのが、性欲に突き動かされた男らしくてなんともわびしい。だが、男とは性欲のためなら死ねるし、性欲を解消したら死にたくなる生き物なのだ。

そんなことはわかっていながら、性欲と好奇心に突き動かされたR君は、相手の指定したロシア料理屋で待ち合わせることになっていた。

現れたロシア人は、30歳だと名乗っていたが30代中盤から後半の感じ。プロフの美女写真とは似ても似つかない典型的な劣化したロシア人女性だったという。

「会った瞬間に『やられた』って感じが思わず顔に出ちゃったよ」

ナターシャ（仮名）と名乗る彼女は異様に日本語が上手く、日本人と結婚していたであろう過去を垣間見ることができた。このまま〝割り切り〟でホテルにでも行ってしまえばそれで終わりなのだが、店の対応が悪くどうにも上手く乗れない。料理はなかなか出てこないし、そもそも唯一の店員が外出したっきり帰ってこない。

「旧共産圏を肌で感じる香ばしい店でした。料理も大して旨いわけではないのに結構お高めな感じで……救えないって思いました」

結局その日は、料理屋でナターシャと話しただけで解散してしまった。

「もっと面白いことになるかと思ったのに、肩透かし感否めずでした」

ここですぐに手を出さなかったことで、ナターシャはさらなる追撃をしてきた。次の週末にまた会うことになったのだ。といっても「雨が降ってなければ公園で花見でもしよう」という誘いだったのだ。R君は、公園で飲むなら安上がりだからとその誘いに乗ってしまった。

「ホイホイ錦糸町までまた行ったら、待ち合わせに指定されたのが例のロシア料理屋で、結局そこで飲む羽目になりました」

ぼったくりのキーワードは「友達」

完全に相手のペースに巻き込まれてしまいながらも、少しの好奇心が背中を押しているのは明白だ。彼はその日の展開を次のように語っている。

「ワインのボトルが1本1万でした。『ありえんやろ！』と思って、その場でスマホからアマゾンで検索して見たら2000円切る売価で、あからさまなぼったくり値段に設定されてる。さすがにまずいかなと、ボトルがそろそろ空きそうになったんで帰ろうかと思ってたら……なぜだか『友人』が登場したんです」

現れたのは黒髪の大柄な女……にも見えるが、オカマにも見える。人種の違いこそあれど、その違和感は間違いない。カティア（仮名）と名乗ったその友達は、さらに酒を追加した。

「なんだかんだで4万弱ぐらい持ってかれましたよ」

ショックを隠し切れないR君だったが、悲劇は終わりどころか、ここからが本番だった。ロシア料理屋を出て、「どっか適当なとこで飲み直そう」などと、極めて日本的な曖昧《あいまい》表現を使ってR君は錦糸町の街を歩かされた。ここまで来ると、何かきっかけがないと戻れない。なんならオカマのような女であるカティアを交えての3Pでもしてやろうかと意気込んでいたという。

ぼったくり被害が拡大する背景には、男性のちょっとしたスケベ心とあきらめの悪さがある。R君のパターンはその典型例といえるだろう。

「もう、どこでもいいから連れて行けって思いましたよ。そしたら、ナターシャが『友達』のお店に行こうって言ってきたんです」

ここで完全に冷静さを失ったR君は、極めて重要なキーワードを見逃してしまった。すでに友達に痛い目を見せられているのだから、よく考えればこのあとの展開も十分に予想ができたはず。

ところが敵もさるもので、カティアとナターシャが代わる代わる体を押し付けて、耳元で囁《ささや》いてくるなど、R君の冷静さを奪っていったのだ。

外国人女性が友達同士のコンビネーションを繰り出してくることは珍しいことではない。むしろ、片方に注意を引きつけてもう片方が自由に動くことができるので、基本的なシステムともいえるだろう。そして、基本システムを使った王道のパターンというのが、さらなる友達の登場である。R君の場合は、ロシアンパブだった。

「連れて行かれたのは、また別のロシア人が働いてるロシアパブでした。ここまで来るともう疑いようもないぐらいにハメられたと思いましたよ。さすがに鈍い僕でもわかるって感じですよね」

歌舞伎町と並んで外国人の多い街とされるのが、六本木《ろっぽんぎ》、御徒町《おかちまち》、錦糸町である。いずれも住人としてではなく、勤め人。さらに詳しくいえば水商売人として集まってくるのである。さらに、その人たちを核として同国人が集まってくるのだ。

どこの国の人でも同胞同士のほうが話が早く仕事がしやすい。特に中国と韓国以外の人たちは、日本では少人数しかいない極小コミュニティを形成しているので、結び付きも自然と強くなっている。

「店は普通のスナックみたいなところでした。そんで、友達の店のはずなのにカティアとナターシャが慣れた感じで酒を作って接客を始めたんです。友達の店で君がそんなことやる必要はないんじゃないのか？って聞いたら、『友達の店だから手伝っている』って返してくるだけ。動きは水商売の素人《しろうと》ではありませんでした。おまけに店のどこに何があるのかまで把握していましたからね……自分の店みたいでした」

結局、R君はこの店に1時間滞在した。飲みに入る前に料金については確認をとっていたそうだが、「大丈夫。５０００円だけ。飲み放題」と流されるだけ。まったく取り合ってくれなかった。そこで怒って帰るべきだったのだが、冷静さを欠いたままでいら立ちが増し、あきらめきれない性欲が目を曇《くも》らせていたのだった。

ここで注意するのは、店で入る前に提示される金額のままで請求されることはまずないということ。なんやかんやで追加されてしまって、提示額の倍だったらまだいいほう。いったい何倍請求されるのか。それは、ここまでの会話である程度値踏みされている。R君の場合には、「会社員なのか」「カードは持っているのか」などの質問をされていた。さて、ここまで完全にハメられているR君への請求はいったいいくらだったのか。

「伝票を見たら5万円弱くらいになっていました」

料金的には支払うことができる程度のプチぼったくりといえる範囲だった。特別にゴネることはなく支払っても良かったそうだが、さすがに納得できずに「話が違う！」と食って掛かったそうだ。

「僕が文句を言うなり店の奥から強面の男が顔出したんですよ。『あ〜こいつら平気で殴ってくる連中だ』と思って、そこであきらめましたね」

外国人パブに限らずぼったくりの場合には、支払いを強制する根拠は暴力である。実際に殴ってくることはないが、殴られるかもしれないとか、逃がさないように抑えこまれるなど、力をチラつかせることで支払わせるのだ。

特に出会い系サイトで知り合ったような場合には、個人情報をどこかで摑《つか》まれている可能性があるので、飲み屋だけで終わる話ではなくなってしまうこともある。勤め先に妙な日本語でロシア人が電話してきたり、訪ねて来られでもしたら自分の評判に関わる。そんなことを日本人が考えることを見越しての行動ともいえるだろう。

結局、R君はぼったくりロシアンパブに屈してしまった。救いなのは、彼がいまだにあきらめずに出会い系サイトにチャレンジしていることぐらいだ。

「いまはフランス人狙いですよ」

懲《こ》りない男だ。昨今流行するぼったくりのなかには、1回の飲酒で100万円単位で請求してくることもある。笑い話で済んでいるうちに警戒心を身につけて、好奇心を多少弱くしてもらいたいものだ（友人としては）。

3　東京オリンピックで日本の風俗バブル到来⁉

外国人観光客とビジネスマンを取り込む作戦

「マルさん、日本で女の子、遊びたい。できる？」

東南アジアの某国で知り合った男からこのような質問を受けたことがある。彼は何度か日本を旅行したことがあるそうだ。彼に限らず、日本を訪れる外国人は現在急増中だ。

実際、日本政府が主導したビジット・ジャパン・キャンペーンが２００３年に開始され、積極的に外国人観光客を受け入れ始めたのだ。途中、リーマンショック（２００９年）や東日本大震災（２０１１年）などがあったことで一旦は落ち込んだものの、２０１２年から回復基調で２０１３年には１０００万人を突破したのだ。

人数が増えれば、冒頭の彼のように目的に「女」を位置づける人も出てくる。これまでは日本で体を売る外国人について紹介してきたが、女を巡った商売というのは世界共通。日本だけが女を売り物にしないということはありえないのだ。

それを調べるために、私は都内で風俗店を経営しているオーナーに「日本の風俗業界の外国人受け入れ事情」を聞いてみることにしたのだった。

風俗店の事務所は、都内某所のサラリーマンの聖地とされる飲み屋街の一角にあるマンションの一室。本来は居住用のマンションだが、大半の住人が風俗関連の仕事をしていたり、事務所や控室として使われている。ここには過去に何度かおじゃましたことがあったので迷うことなく辿《たど》り着いたが、特別に用事のない人を寄せ付けない雰囲気を放っている。日本の風俗業界を象徴しているようだと思っていた。

この場所で事務所を構えているFさん（仮名・40代）はもともと海外で金融の仕事をしていたが、家庭の事情（教えてもらったことはない）で日本に戻り、紆余曲折《うよきょくせつ》あって（ここについてはさらに教えてもらえる気配もない）現在は風俗店のオーナーとなっている。部屋に入ってお茶を飲みながら本題を切り出した。

「風俗業界で英語って必要ですか？」

「あ、その件ね。最近よく考えているよ。実はさ……」

Fさんが言うには、外国人からの問い合わせはあるが、プレイに応じるかどうかは女の子にまかせているとのこと。ただし、これからの時代に風俗産業が生き残るには、外国人客を無視することはできないというのだ。

これまでに風俗業界は原則として「外国人お断り」だった。言葉が通じないことで起きるトラブルを処理することが面倒だったというのが本音である。ところが、第2次安倍内閣の経済政策で進んだ円安の影響が状況を一変させた。

「外貨の価値が増しているんだよね。おまけに日本人の風俗離れってもう深刻なんだよ。いまじゃ、うちの客の半分は還暦オーバーだよ。年金もらって風俗通いの人たちがメインのクライアントってわけ。これじゃあお先真っ暗じゃない」

「たしかに年々お客さんが減っていくのは目に見えますよね」

「うちの店じゃあ、予約が入ることを〝生存確認〟って呼んでいるからね」

「生々しいですね」

「大げさじゃなくて、暑くなったり、寒くなったりすると一気に予約が減るんだよ。正月なんかモチを喉につまらせたってニュース見ると常連さんじゃないだろうかって心配になるよ」

このままでは話のテーマが「老人と風俗」になりかねないので、このあたりで楔《くさび》を刺すことにした。

「つまり客層が不安定だと？」

「そうなんだよね。だから、外国人お断りなんて言ってられないんだよ、経営者としてはね。でも、最終的な選択権っていうのはどうしても女の子に委《ゆだ》ねないとならない。嫌がる女の子に無理やりしてもらってもサービスの質は落ちるし、評判は悪くなるし、女の子も辞めちゃうしで、本当にいいことなし。いまどき、店を掛け持ちしている子も少なくないから、本当にすぐに辞めちゃうんだよ。」

お金を払ってくれるのであれば外国人であろうとも歓迎したいというのが、経営者たちの本音なのである。それならばもっと積極的に受け入れればいいものを、なんで日本の風俗業界は国際化の手前でまごついているのだろうか。すると、それを見越したようにＦさんが言った。

「結局さあ、風俗っていってもコミュニケーション、つまり問題になっているのは言葉なんだよ。

お店の子たちにヒヤリングしてみたんだけど、女の子たちのなかにも外国人を相手にするのが嫌なんじゃなくて、何を話していいのかわからないし、言葉が通じないから不安っていうことなんだ」

日本の風俗産業は外国人禁止と言ったが、実は早くから受け入れている業態もある。それがストリップと高級ソープで、どちらも外国人の受け入れに寛容かつ熱心なのである。まずストリップは入場料が5000円ほどで、ポラロイド写真の撮影が1000円と他の風俗業態に比べて単価が安い。数年前までは客層の高齢化によりもはやジリ貧で風前《ふうぜん》の灯《ともしび》。薄利風俗の代名詞になっている業界とまでいわれていた。

実際、老舗《しにせ》の劇場が次々と廃業していったところに、外国人観光客が大挙して押し寄せだしたのだ。いまのところ歌舞伎町のような外国人観光客に人気の繁華街エリアにあるストリップぐらいでしか影響は出ていないが、今後、他の地域でも外国人観光客を受け入れだせば、業界の流れが大きく変わる可能性もある。

一方で高級ソープはどうかといえば、臨機応変に対処する1回のプレイが5万円以上の高級ソープランドでは、早くから外国人を受け入れてきたという。価格設定が高いことから、訪れるのがそもそも金持ちの外国人に限定されるため客筋もそれほど悪くないという。たしかに金持ちの外国人が観光気分で訪れ、オプションもいっぱいつけて総額10万円になったとしても軽々と支払ってくれるのであれば上客であろう。

どちらの業態も、語学に堪能なガイドが仲介したりしてアテンドするそうだ。客と店をつなぐ存在がいるため特に問題は起きていない。しかし、Ｆさんのお店のようなデリ形式であれば、女の子自身に英語力が要求されてしまう。その意味で、Ｆさんは言葉の問題を懸念しているということなのだ。

「外国人観光客が増えているのは本当だと思うけど、まずは小さなところも取りこぼしたくないっていうか、宣伝効果を狙うなら旅行者よりも出張者を狙ったほうがいいと思うんだよね。あの人達ってビジネスでの滞在だからパッと遊んで、パッと払う。お金よりも時間を重視するんだよね」

たしかに、東南アジアの風俗街で値段交渉もほとんどせずに女の子たちを連れ出していくのは、大抵が出張のビジネスマンたちだった。１０００円や２０００円をケチっているうちに、ビジネスマンにかっさらわれる。そんな苦い思い出が私にもある。

「ビジネスマン相手に風俗を展開するメリットってあるんですか？」

「やっぱり無茶してしまいがちな旅行者よりも、サービスに厳しいビジネスマンを相手にして経験積ませたいじゃない。それにビジネスマンなら何度か日本に来るだろうし、ある程度の期間滞在するかもしれない。そうなると常連になってくれるかもしれないしね」

現在、Ｆさんの店では、女の子で外国人を相手にすることが苦ではない人を中心に、英語の学習を推奨しており、海外暮らしの経験があるＦさん自ら教えたりしているという。

風俗に必要な英語とは？

Ｆさんの営んでいる風俗業は「デリバリー」である。システムをいまさら詳しく説明する必要はないかもしれないが、念のために。電話してきた客のところに女の子を派遣する。行き先は相手の自宅だったり、ホテルだったりする。そこでお店の定めるプレイをして満足を得るシステムになっている。

この流れなら電話を受けるのはほとんどＦさんなので英語なら問題はなし。たとえＦさんでなくても、必要な情報を引き出すだけなので、話すことさえ覚えていればおおよそ誰でもできる。ただし、女の子は派遣された先で外国人客とプレイをしなければならない。いかにエロイことをするだけの数十分から1時間だとしても、その間に無言というわけにもいかない。

そのため、コミュニケーションは最低限必要になってくる。そういうと大変なように思えるかもしれないが、目的ははっきりしているので、覚えるべき英語はそれほど多くない。Ｆさんの店で実際に使われている用語をいくつか紹介しよう。

take off clothes（服を脱ぐ）
harder（強く）
softer（弱く）

wash（洗う）
painful（痛い）
prohibit（禁止）
change（おつり）
extend（延長）
make come（イク）

正直なところ肩透かしではないだろうか。誰でもわかるとは言わないが、単語ばかりで会話するための英語の習得とはだいぶイメージが異なる。だが、実際に外国人を接客してみると、この程度でも十分にコミュニケーションがとれるそうだ。

「私もはじめてみてわかったことだけど、外国人の客の側にしても、流暢《りゅうちょう》に意思疎通できるよりも、たどたどしいぐらいのほうが異国感があっていいみたいなんだよね。お客さんが『日本に来てまで地元にいるみたいに話されるとかえって気を遣《つか》うよ』って、ネット掲示板とかに書いてたもの」

「評判がいいのはわかりましたが、ネット掲示板って？」

「実は海外にも某巨大掲示板のようなシステムがあるんだ。そこで日本の風俗情報なんかもやりとりされている。うちの店がビジネスマン狙《ねら》いなのは、そこに書き込む人たちを自分なりに分析してみた結果というのもある。いまのところはその掲示板がメインなので、あまり大規模にやっているわけじゃないけどね」

「どんなことを書き込むんですか？」

「英語のホームページがあって、外国人も大丈夫ってぐらい。そんなに難しいことは書かないよ。ネイティブな人だけが見るわけじゃないからね」

ホームページの英語化など、やるべきことをやっているFさんだが、これほどまでに外国人の受け入れに積極的な動きを続けているのは、２０２０年に開催される第2次東京オリンピックの前後に外国人が大挙して押し寄せる一時的な風俗バブルが来ると予想しているからだという。

日本の中にいても海外の事情に十分精通できる時代であるからこそ、こういう形で日本の風俗が国際化していくこともあるのかもしれない。

第5章　世界を舞台に悪さをする日本人

1　フィリピンで1万人と遊んだ元校長売春事件の闇

海外ではじけたアンモラル過ぎる日本人

日本には「旅の恥はかき捨て」という便利な言葉がある。「旅先なら知り合いもいないしタイミングが来たら立ち去るし、普段しないようなことやってしまう」といった意味だ。実際、それは旅の醍醐味《だいごみ》のひとつではある。しかし、普段やらないことの種類にもよる。

日本人が海外旅行を自由にできるようになったのは1964年で、ようやく観光目的の外国渡航が認められるようになったのだ。それから私達は当たり前のように海外へ渡ってきた。その数が増えれば旅人のなかには悪人もいるだろうし、犯罪者も生まれてくる。少し問題になるとしたら、外国では日本人は外国人になってしまうということなのだ。当たり前だが、日本で「外国人」と呼ばれている存在に自分がなるわけだ。

旅の恥はかき捨てではないが、自分が外国人であることをどうとらえるのか。多くの人は未だ知らぬ異文化との交流をするべく旅人になる。なかには、外国人というのは「特権」であるとして、自分の立場を最大限に利用しようとする者もいる。日本人が外国で持っている特権とは金とパスポートである。

２０１５年4月に驚きのニュースが駆け巡った。

「横浜市の中学校の元校長フィリピンで1万２０００人以上を買春」

この事件に驚愕《きょうがく》した人も多いだろう。私もそのうちのひとりだ。報道された事件の概要としては、横浜市の中学校の元校長がフィリピンで少女とわいせつな行為したうえ、その様子を撮影したとして児童ポルノ禁止法違反の疑いで逮捕されたというもの。世間を騒がせたのは、その人数で、なんと1万２０００人以上だというのだ。

発覚したのはフィリピンから「買春を繰り返している日本人がいる」という情報が日本の警察に寄せられ、元校長の自宅などが捜索されたためで、撮影された写真には13～14歳くらいの少女たちとわいせつ行為をしている様子がおさめられていたのだった。

「これちょっとおかしいです」

この報道が出た直後、真っ先に疑問をはさんできたのは、フィリピンで暮らす日本人商社マンの友人Gさん（仮名・40代）だった。事件をセンセーショナルに伝える報道と人数に驚愕するだけの一般市民を尻目に、彼は自身の経験から違和感を読み取っていた。

「この元校長なる人物って仕事でフィリピンに来たのが25年前らしいじゃないですか」

「そうらしいですね。その後も毎年休みのたびにフィリピンに渡っているみたい」

「そこがおかしいんですよ。25年前から1万2000人と報道されているんですけど、単純に割ると1年で480人ですよ。365日だと毎日1人とやっても追いつかない。多分、1200人の間違いだと思いますね」

「校長の話は嘘ってことですか?」

「もちろんフィリピンですから、12000人を可能にするシステムというか方法もありますよ」

「といいますと?」

「複数プレイです」

いきなりの切り出しにやや面食らってしまった。

「複数プレイですか? 写真におさめられていた女性は10代から70代までだったらしいですけど、そんなにバリエーションつけたり、そもそも10代、それも未成年なんて買うことができます?」

「できます」

Gさんがここまで断言できるのは、彼自身が東南アジアの風俗に精通した遊び人だからということもある。彼の解説によれば、フィリピンは風俗に未成年の子が流れ込みやすい社会になっているのだという。

潜《もぐ》りで夜の世界で働く未成年者

「未成年の少女なんてどこでも買えます。実はフィリピンの学校のシステムが少しおかしくて、中学がないんです。高校を卒業すると16歳なんです」

　フィリピンのような初等教育と中等教育の２段階のことを６－４制といい、対して日本は６－３－３制となっている。ここで問題になるのは、社会がそれに追い付いていないところなのだという。

「フィリピンでも大学はありますから、金のある奴らは大学へ進学します。でも、貧乏ならば働かなければいけません。ところがです。フィリピンで就業できるのは18歳からなんです。社会システムの矛盾なんですけど、実際に雇う側にしてみれば16歳よりは18歳ですよね。私も自分の会社で雇用することを考えたら綺麗事は言ってられません」

「でも、16歳で社会に出て、働けない人だっているんじゃないですか？」

「そりゃあそうですね。でも男なら肉体労働の下働きとかいろいろと働き口もあるんです。まあ、フィリピンの男はそもそも働かないんですけどね（↑Ｇさんの私見）。一方、女となると限られていますよね。どうしても風俗が浮かんじゃいますが、実際にその通りなんですよ」

「じゃあ、普通に16歳で働けるものなんですか？」

「まさか。そのへんはきちんとはいいませんが、ＩＤチェックがありますから。でも、やっぱり悪い奴ってのはどこにでもいるものなんです」

「となると手はひとつですね」

「潜りで夜の世界で働くのです」

潜りで働くというのは、風俗や水商売では珍しいことではない。日本でも歌舞伎町で働く女の子たちのなかに家出少女や未成年者が交ざっていることがある。そういう子たちは家出するときに姉や従姉妹《いとこ》の免許証などを盗んできたり、コピーして提示するそうだ。血縁だと、髪型をあわせればなんとなく似てくるのだそうだ。

「店側も悪い奴らが多いですよ。ID持ってこいといいますが、同時に偽物街を紹介するんですね。金なかったら店が貸すよ、とこういう訳です。仮に発覚しても、店としてはIDチェックしていたし、『18歳だと思ってました』と言って終わりです」

「じゃあ特別な場所に行かないで、マカティとかアンヘレスとかそこらへんの風俗店に行けばいいってことですか？」

「そうなりますね。極端かもしれませんがKTV（カラオケ）に行って若そうな奴を選べば、即ちそれが未成年です。店だって若い方が客にウケるのを分かっているので。でも注意してください。フィリピンのGROは8割フィリピン男の彼氏がいます。1割が外国人彼氏。残り1割が男が出来ないブスです」

「いやいや、別に俺が買うわけじゃないから」

ちなみにGROはゲスト・リレーション・オフィサーの略で、簡単に言ってしまえばホステスさんのことだ。

「KTVだけでなく、同じ流れで風呂屋（ソープランド）の雛壇にも未成年はいます。私が行った店にも若い子がいたので、年齢を聞いてみたら16歳だと言ってました。可愛いですよ」

「いや、だから買うわけじゃ……」

「本当ですか？　最近日本から来る人たちのなかには無茶する人たちが多いから、てっきり丸山さんもそうかと思ったんですがね」

「それは、どういうことですか？」

「ハメ撮りですよ。フィリピンまで来て未成年でも成人でも関係なく、いっぱい買っていきますね」

昨今、海外で買った風俗嬢をハメ撮りした動画というのが、ネットを中心に出回っていたり、アダルトサイトで販売されている。原価がものすごく安いうえに、相手が未成年なら丸め込みやすいし、成人していようが金の力で解決できる。うまいやり方をしているのかもしれないが、国際問題になる前になんとか関係当局には手を入れてもらいたい。

事件発覚の謎

フィリピンの色街に未成年者がいることはわかった。だが、肝心の謎が残る。冒頭でも説明したように、Ｇさんは複数プレイで考えないと今回の事件は理解できないと言った。いったいどういうことなのだろうか。

「元校長の１万２０００人っていう数なんですが、複数プレイならこなせるってことですか？」

「1回に10人ぐらいで計算すればギリギリいけそうですけね」

「10人？　そんなもの店として可能なんですか？」

「やり方によります」

「それって、店との交渉ですか？」

「可能かもしれないですが、店を通すと高くつきますよ。一番いいのはGOGOBARで女の子に直接話を持ちかけて連れ帰るんですよ。1回で移動できるように表にワゴン車を用意させておいて、集まったら一気にホテルに連れて行くんですよ。私が知っている中では最高で20人並べた強者《つわもの》もいましたよ」

金額的には一人あたり4000～5000円、高いところだと7000～8000円がフィリピン風俗の相場観だろう。ちなみに連れ出しが1500円、プレイ代1500円～3000円、未成年だと1500円、最安だと500円となる。これが10人で複数回も回すとしたらどうなるのだろうか。

「女の子たちの大量買い割引ありますか？」

「むしろ、割引でなく高くなります。みんな、一緒にプレイするのを嫌がるんでチップを弾むんですよ」

「ああ……まあ、そうでしょうね」

「金さえ払えばってことですね。ただし未成年は相場がわかってないので、安くなることもあるんです。というかそっちのほうが多いですね」

いずれにせよ、あの校長は店側からすれば上客であることはまちがいないだろう。実際、後追い報道で「また戻ってきて欲しい」と常連の娼婦が語っていたほどだ。

しかし、この事件の発覚はフィリピンの捜査機関から日本の警察への通報から始まった。この裏にあるものとは何なのだろう。

「元校長っていいお客さんじゃないですか。女の子たちにも特別に変態的なプレイを強要していたということでもなさそうですし。そうなると、どういうことなんでしょうね」

「そこが謎です。でも、過去の例からすれば日本人が捕まるときって日本人が絡んでいるんですよ。今回もそのパターンだと邪推しています」

「そうですか……」

Gさんの言葉に心当たりがあった。今回の事件は桁《けた》外れの人数だけが注目されているわけではなく、フィリピン風俗を知る人間以外からも「逮捕される理由が見えない」との疑問点が寄せられていた。綺麗事を言うつもりはないので、現実に起きていることを言えば、未成年が体を売ることは途上国では珍しいことではない。体を売っている当人たちにしてみれば、客がつかずお金が稼げないことのほうがよっぽど悲劇なのが実情なのだ。ここで人身売買で売られてきた奴隷労働の女の子などを引き合いに出す人もいるが、ナンセンスである。

ここで言いたいのは、自分の意思で金を稼ぐために風俗店で働いている子たちのことである。

人身売買で奴隷労働させせられているような女の子が働く風俗は、日本人観光客がヘビーローテーションで通えるような明るいお店ではないし、表にネオンギラギラの看板なども掲げていない（もちろん何事も例外はあるが、今回は本筋ではないのでこのあたりで）。

日本人の敵は日本人？

フィリピンの風俗事情を考慮して元校長の大乱交を容認するかどうかは別にして、なぜ逮捕されたのかについてもう少し掘り下げておきたい。

実はここに意外に深い闇があるのだ。少なくともその端っこに触れた身としては、そう思わざるをえない。

元校長の行為は、日本人のパスポートを持って訪れた以上は帰国しても追及されてしまうのだ。パスポートは日本人であることの身分の証明書であり、出入国を記録する。ある意味では、どこにいても紐《ひも》付きの状態でいるようなものなのだ。現行のパスポートにはＩＣチップが仕込まれており記録が管理されるのはもちろん顔認証もされるので、逃れようがないのだ。

さて、今回のケースのような場合に想定されるのは、「日本人が絡んでいる」というものだ。前述したＧさんとのやりとりでは言葉を濁《にご》しているが、元校長の逮捕の裏には日本人による密告があったのではないかということなのだ。というのもフィリピンでは、日本人同士のトラブルから派生した密告や裏切りがあるからだ。そのことを知ったのは、元校長の事件から遡ること1年前にフィリピンの首都マニラで取材したときだった。

「マニラで日本人が事件に巻き込まれるときには、日本人同士が敵対した結果っていうのが多いね」

これは、旅行会社を営むTさん（仮名・60代）と会って教えられたことだ。私はTさんを通じてフィリピンに住む日本人たちの形成する社会、そこで起きる日本人トラブルの裏側を探ろうとしたのだ。

Tさんと会ったのは、GOGOBARの立ち並ぶマニラ市の中心地にある繁華街マカティの飲み屋だった。ちなみに出会う直前に立ち寄ったスタバでは、露出過多の派手な女から名刺を差し出されながらの日本語トークで露骨すぎる美人局《つつもたせ》を仕掛けられるという準備運動をしてきたので、警戒心はマックスに高まっていた。

Tさんとは日本にいるときに何度かメールをやりとりしただけの間柄。どこまで信用していいのか、はかりかねていた。

「日本人が裏にいるっていうのは、具体的にどういうことでしょうか？」

「そのまんまの意味だよ。フィリピンの連中は強盗はするけど、外国人殺しはやらない。警察が捜査するって口実ができちゃったら、あとから警察に自分たちが何されるかわかんないだろ。そんなリスク抱えたくないのさ」

「捜査という名目さえあれば、別件で動くことも余裕ですよね」

「ああ。日本でもフィリピンでも警察のすることは同じなのさ」

直感的にTさんは警察関係か、それに近い場所にいた人かもしれないと思った。しかしかしこはフィリピンであり、脛《すね》に傷を持つ人も多い。過去を詮索するヤツは嫌われてしまう。

「だから日本人が巻き込まれた犯罪が起きたとしたとして、実行犯がフィリピン人だったとしよう。それは、リスクを承知で雇われたような連中だってことだよな。もちろん雇ったのは日本人だろうさ。十中八九な」

世界で日本人が一番多く殺されている国がフィリピンであることはあまり知られていない。2014年だけで4人の日本人が殺害されているのだ。この数は海外で日本人が殺された件数としてもトップ。過去10年をふりかえってもほとんどの年でフィリピンが1位となっているのだ（外務省海外邦人援護統計より）。実際、2013年には10万ペソ（約21万5000円）で雇われた人物が日本人を殺害する事件も起きているほどだ。

「殺人以外でも日本人が日本人を売ることはありますか？」

「さあね。俺にはわからないが……海外の日本人社会なんて小さなところさ。お互いに恨みを抱くなといっても無理な話。そうしたトラブルが嫌で日本人と関わらないように生きている日本の連中だって少なくない」

元校長のような派手な遊び方をする人はどこかで恨《うら》みを買っているかもしれないし、もしかしたらあまりに派手だったので警察に目をつけられただけかもしれない。どちらの可能性もある。

前者なら復讐が動機だろうし、後者だったら警察側が斡旋《あっせん》業者摘発とか、元校長に関わった何者かを逮捕したいという狙《ねら》いがあったものと推測できる。

「日本人はどこまでいっても日本人。フィリピン人にはなれないんだよ。小さな日本人コミュニティのなかで生きていかなきゃなんない。メンツを潰されたら生きていけないような連中もたくさんいるんだ」

Ｔさんがマカティで語ってくれた異国で生きる日本人の立ち位置。そこから苦境をうかがい知ることはできる。だが、もともとは元校長が未成年の少女たちとわいせつな行為をし、それを記録・保管していたことが発端なのである。そのことを考えれば、いくら垂れ込まれたとはいえ自業自得。自分の罪を償うだけの責任はあるのだ。

２　タイに自分の王国をつくった２人の男

40年前にもあった⁉　日本人ハーレム事件

男なら女だらけのハーレム生活を妄想することはあるだろう。若者の性欲減退や少子化が問題視されている昨今なので必ずというわけではないが、比較的多いのではないだろうか。ともかく男なら少なからず妄想するであろうハーレムを実現した日本人がいた。それは玉本敏雄《たまもととしお》（当時39歳）という1973年頃にタイのチェンマイに暮らしていた男だ。

当時のタイでは日本企業の進出に反発する学生運動が活発だった。経済成長を続ける日本に反発する動きというのは、アジア全域で巻き起こっていた。彼は反対運動に燃料を投下するようないわゆる玉本ハーレム事件を起こした。

玉本の起こした事件というのは人身売買。それもチェンマイに構えた邸宅のなかに約20人もの少女を囲っていた。とはいえ、拉致して監禁していたのではなく現地のブローカーや売春宿のような業者を通じて、裏のルールにのっとって女達を集めたという。数名の家族を食わせるだけで四苦八苦している現代日本人からするとにわかに信じられない話かもしれないが、当時の金額で1000万円ほどを投資した玉本は、ハーレム暮らしを実現したのだった。

ではそれだけの資金をどこから集めたのか。実はそれこそが玉本のハーレムを終わらせるきっかけとなったのだ。そもそも玉本は東京オリンピックにともなう日本国内の開発特需にのっかった砂利販売で財産を築いていた。その金を持って世界旅行に出かけて流れ着いたのがチェンマイだったというわけだ。

時を同じくして、日本の警察はある事件を追っていた。それが、広域指定暴力団の麻薬の密売ルートの解明だった。捜査の過程で玉本の存在を知り、巨額の財産を得ている裏にはヤクザとのつながりがあると関与を疑った。玉本はタイ警察との協力の果てに日本へ強制送還されることとなったのである。

代理出産の目的は、贈与税対策⁉

実は、この事件は多くの人びとの記憶から消えていた。ところがある事件をきっかけに再び注目されてしまったのだ。それが、バンコクで13人の子供を代理出産させていたＳ氏の事件だ。Ｓ氏は日本有数の資産家で大手ＩＴ起業の創業者の息子。本人も父の会社の株式を保有する資産家であった。

代理出産の目的は、その資産を子供の名義にして相続させる贈与税対策だとする報道が発覚当初からなされていたが、その後の詳細があまり明らかになっていない。というのも人数こそ多いものの性交渉はなく出産代行を依頼したということと、タイの法律の範囲でのことだったので、逮捕には至らなかったということもある。

しかし、国民に与えた衝撃と生理的嫌悪感は、ふたつの事件を結びつけるのに十分なものであった。タイの国会で外国人の代理出産依頼を原則禁止するように規制する法案が成立に至っているのである。

ちなみに玉本は懲役をつとめたのち、フィリピンに同じようなハーレムをつくったり、名前を「ギョクモト」に改名して既に再入国が禁止されていたタイに複数回入国していたという。その後、カンボジアにわたり、再び10代の少女を含む60人もの女性に囲まれたハーレム生活を送っているという噂が流れたのを最後に、消息は不明とされている。噂では数億円の貯金があるとか、日本にマンションをいくつか持っていて家賃収入で悠々自適だとか、景気のいい話がある反面、カンボジアで財産を差し押さえられてみすぼらしい格好で歩いているなどの没落説も流布《るふ》している。

いずれにせよ、玉本がハーレムを複数作り上げたというのは間違いなく事実である。

アジアを股にかける男たちというのは、ひと筋縄ではいかず、とにかくしぶといのだ。そのことを象徴する2人の日本人は特異な例ではなく、たまたま事件化して知られたに過ぎない。そう嘯《うそぶ》くアジアの日本人たちは多い。

3 日本人犯罪者の逃亡先

あの事件の容疑者はフィリピンに逃亡

「お前、どこまで知ってるの？」

この一本の電話で、それまでまったく興味のもてなかったフィリピン取材にがぜん興味がわいてきたのだ。電話の主は某団体の方で、ものすごく簡単に言ってしまえばヤクザなのである。

私がとある雑誌の仕事で（そもそもノリ気ではなかった）フィリピンやインドネシアの裏社会

や日本で罪を犯して逃亡している犯罪者について調べていた際に、どこでどう間違ったのか、「なにやら嗅《か》ぎまわっているジャーナリストのようなやつがいる」と、とんでもない方向へと曲解されて伝わってしまった……らしい。いまさら確かめる気もないので、推測まじりになってしまうが、ともかく、どこで入手したのか私の携帯へと電話がかかってきたということなのだ。

電話口ではさすがに、あたふたしてしまったが、それでも必死で言い繕《つくろ》ってしまえば、あとはどうもこうもない。

「おう、いきなりで悪かったな」

「とんでもないっす。ぜひ、今後とも……（よろしくねなんて言えるわけもない）」

口ごもっていると「ほんじゃ」と軽い調子で切られてしまった。

ようやく緊張感から解放されてみれば、別の感情が湧《わ》き起こってくる。

まず、電話の主が言っていたことを総合してみると、東南アジアには電話をしてきたヤクザと繋《つな》がりのある人がいて、その人は日本で犯罪者として扱われている逃亡者である可能性が高い。それも、ほじくり返されたくないようなネタがあるのだろう。わりとフレッシュなネタであることは間違いない。そうでなければ、わざわざ私のところに釘《くぎ》を刺すような連絡を入れることはないだろう。

火のないところに煙は立たない。つまり、そこそこの大ネタがあるのかもしれない。

そう判断した私は、少しだけ踏み込んで取材をしてみることにした。だが、フィリピンにいきなり単独で飛んだところで何が取材できるかなんてわかったものじゃない。そこで協力を求めたのは日本人の犯罪で話を聞いたTさんだった（157ページ参照）。

彼に質問したのは逃亡先としてのフィリピンについてだ。

というのも、日本人犯罪者の逃亡先としてメジャーなのは、アジア圏ではバンコクとフィリピン。特にここ最近の注目はフィリピンだろう。元関東連合メンバーらによる集団暴行事件として知られる六本木フラワー事件で主犯格のひとりとされる見立真一《みたてしんいち》容疑者が逃亡先として選び、元グラドルの小向美奈子《こむかいみなこ》も覚せい剤所持の容疑で逮捕状が出た際に一時期の逃亡先として使っている。そのほかにも有名無名を問わず、犯罪者たちはフィリピンを逃亡先にしている。

「フィリピンが逃亡先に選ばれる理由はいくつかあるけど、やっぱり犯罪者が潜伏《せんぷく》しやすいんじゃないか」

逃亡者に必要なのは金とコネ

潜伏するのに必要なものがある。国籍に関係なく逃亡者には、協力者と金が必要なのである。資金を提供する組織をバックにもつヤクザなどは、長期間の潜伏を可能にする。それ以外に長期潜伏が可能になるのは、金を引っ張って逃亡している場合だ。

たとえば、勤務先の不動産会社社長から2450万円をだまし取ってフィリピンへ22年間逃亡していた男が日本に戻って逮捕された事件や、架空投資で金融法違反に問われた男がフィリピンへ逃亡した事件など、横領や詐欺で入手した金を逃亡資金にする例はある。

なかでも、近年最大の金額を横領した事件として知られているのは、長野県建設業厚生年金基金の元事務長の坂本芳信《さかもとよしのぶ》。坂本は約24億円もの使途不明金を出していた。その全額を持っていたのかは不透明ながらかなりの大金を持ってタイへと逃亡。２０１３年に逮捕された時には、着古したシャツと短パン姿で安食堂で１００円以下の食事で食いつないでいる状態だったという。

「擬態《ぎたい》じゃないの。逃亡中は目立っちゃいけないから。もしかしたらどっかに金とか隠してるかもしれないいな」

長野の事務長坂本の事件について、Ｔさんはざっくりながら的確な指摘をした。逃亡者に必要なのは金とコネだと解説したが、同じように不必要なものが自己顕示欲や目立つ行動である。逃亡者であることが知られるかどうかはわからないものの、誰かのやっかみをかって大使館や地元警察に「あいつ不法滞在らしい」と垂れ込まれたら、痛い腹を探られてしまうことにある。

「フィリピンに限らず、東南アジアの連中ってのは人のことをよく見てるんだよ。だから敵に回さないで味方につけてしまえば強力なコネになる反面、敵にまわしたらすぐに垂れ込まれてしまう。怖い連中でもあるんだ」

コネに限らず、協力者というのは必要だ。というのも、日本の警察から逃れ続けるというのは、二度と日本に帰らないということでもある。日本国外にいる間は、時効がカウントされることはないし、重大犯罪になると時効そのものが撤廃されてしまっている。

「逃亡中に必要なのはなんだと思う？」

「金とコネですよね。それさえあれば、大抵のことはできる」

「金はわかりやすいよな。コネっていうのは、警察とかだけじゃなくて、地元で目立たずに様々な物品を手配したり、日本との連絡手段になってくれたりする人たちのことでもあるわけだ。その連中にも金を払わないとすぐに裏切られちまうけどね」

Tさんの指摘の通り、これまでに海外逃亡した日本人のなかには密告されて逮捕に繋がった例もある。

「ほかにも必要なものがあるんだが、わかるか？」

「女じゃないですか」

「よくわかってるじゃねえか。アジアでは女が安く手に入る。性的な欲求を満たすのはもちろんだが、買い物とか生活のサポートにも使えるからな」

逃亡者に女が必要というのは、以前に日本で殺し屋を取材したときに教えてもらったことがあった。しかし、警察の追っ手をかわして逃亡する生活で疲弊していく女の、精神的な疲労や裏切りを考慮すると、必ずしも必要とはいえないと思う。むしろ、必要に応じて金でつながっているぐらいの関係性のほうが逃亡者向きかもしれない。

「だいたい、必要なものがフィリピンにはそろっているのはわかっただろ。だが、最大の理由は……日本で、裏社会を取材してきたお前さんだったらわかるだろ」

「そうですね。日本と『犯罪人引渡し条約』を締結していないってことじゃないですか。たしか、条約を締結しているのってアメリカと韓国ぐらいですよね。そういう意味で警察から逃れるという点ではアジア、特にフィリピンやバンコクは適していると思うんですよ。まあ、裏社会の人間に恨《うら》みをかっていて狙《ねら》われたりしているんだったら、ヤクザが渡航できないアメリカなんかに逃げるかもしれませんけどね」

国際刑事警察機構・インターポールという組織がある。アニメ『ルパン三世』の銭形《ぜにがた》警部の「インターポールの銭形だ！」というセリフでおなじみであろう。日本人の刑事であるはずの銭形警部がインターポール、つまり国際刑事警察機構の捜査員として国をまたいで捜査をしている……ということは、現実には起こりえない。インターポールは情報機関で独自の捜査をする実行部隊がいるわけではないからだ。しかも、外国人が捜査するということは、他国の主権の侵害になってしまう。ただし、この機構を通じて国際手配がされるので、地元警察によって捜査されたりすることにはなる。

「警察が追ってきてもフィリピンだったら賄賂《わいろ》が通用する警官がいたりするので、逃亡には向いているのかもしれませんね」

「その通りだ。で、そこまでわかっていながら、まだ誰かを探すのかい？」

「いいえ。このへんにしておきます」

そう言ってTさんとの話を切り上げた。

追っているのが警察の場合ならば、Tさんと話した通りだ。だが、逃げている相手が裏社会の人間からだとしたら少々趣《おもむき》が異なる。裏社会には時効がないということは、昔から言われていることで、犯した罪が重いほど、追手の数も質も遠慮がなくなる。これまでに犯人（実行犯ではなく黒幕）が明らかになっていない殺人事件というのがある。また、強盗殺人として処理される事件だって多い。

フィリピンで日本人同士の争いがこじれた場合には「殺して収束させる」ことは、先述したように決して珍しいことではない。しかも、実行犯となる暗殺者を仕立てることは容易である。極端な言い方だが、金さえあれば殺し屋などはいくらでも用意できるのだ。だからこそ、裏社会の逃亡犯の場合には、逃亡先で多少目立っても金を稼ぐための怪しいビジネスに手を出すこともある。もしかしたら、Tさんも日本を捨てた理由に腹を探られたくない何かがあるのかもしれない。そう思わせるのに十分なやりとりだった。

結局のところ、逃亡者の多くがアジアに流れてしまうのは、その独特の緩《ゆる》さが理由だったりすることは間違いないのだが、逃げ切れてハッピーエンドを迎える犯罪はほとんどいない。たとえば、1970年に日本赤軍《せきぐん》派が起こした日本航空便ハイジャック事件である「よど号事件」の犯人たちは、崇高な目的のために命をかけたと、その当時は思っていたはずだ。

しかし半世紀が経過しようとしている現在では、亡命（逃亡）先の北朝鮮から逮捕されてもいいから、日本に帰国したいとアピールしている（よど号メンバーは2014年10月からTwitter

を開始している)。

日本人の逃亡者が多いタイでも同じことがいえるのだが、近年では物価の高騰と警察の腐敗が一掃《いっそう》されつつある。おかげでいざというときの賄賂の効き目も薄くなってきている。

「麻薬所持を見逃してもらうだけで５、６万バーツ用意するなんて話もあるんだ。昔は１０００バーツで良かったのにさ」

Ｔさんが語るように、賄賂が通用しないということは、今後は逃亡先として敬遠されてしまうかもしれないが、それでも成熟した日本人社会が形成されているバンコクを目指す人はこれからも後を絶たないだろう。まさに弱肉強食で、お金とコネが必要とされ続けながらそれでも逃げ続ける生活にどれだけの人が耐えていけるのか。それは本人のみぞ知るというところだ。

４　海外市場を制する枕営業

犯罪者を中心に紹介してきたものの、海外に出ている日本人のなかで、逮捕されるかされないかの悪さをしているのはカタギの人間が多い。殺人や密貿易のような凶悪な犯罪よりも、一般市民がもっとも触れやすい犯罪に関わっているといえるかもしれない(あくまで丸山周辺調べ)。

商社マンのなかには、相当な手腕を発揮する強者も潜《ひそ》んでいる。犯罪ではないものの、その手法は下手な犯罪者も舌を巻くほど。いったいどんな方法で仕事をとっているのか。参考までにご紹介しておきたい。

アベノミクス後の円安加速やTPPへの参加、中国によるAIIB（アジアインフラ投資銀行）の設立、ASEAN経済共同体の発足など、昨今の経済情勢はこれまで以上に日本が国際市場へ積極的に参入しないと生き残れない時代に突入している。そこでは綺麗事などは一切通用しないシビアなビジネスバトルしかない。

異国で異文化がベースになっている外国人の経営する企業や市場を相手にして生き残るには、堪能な語学のようなコミュニケーションだけでは不十分である。テーブルの上での条件交渉ならまだしも、担当者を直接口説き落とすにはもっと必要なことがあるのだ。

それが接待である。極めて日本的な言い方ではあるが、相手の欲を刺激して条件を良くするのは世界共通なのである。では、担当者をいかに味方につけるのか。

担当者が男の場合は、かなりの確率で「枕営業」が効果を発揮する。

枕営業は違法な手段も含むビジネススキルであるブラック・マネジメントの代表的な手法で、仕事で関係する人に性的なサービス（セックス）を提供することで交渉や取引を有利に進めようとするテクニックである。一般的には女性が決定権のある相手に仕掛けるものとされている。

しかし、自前の人材である女子社員に頼むわけにはいかない。会社の命令や上司としての依頼で枕営業などさせてしまえば、セクハラやパワハラを理由にして訴訟を起こされかねない。たとえ未遂でも企業としては大きなダメージを負いかねない危険性がある。さらには、たとえ訴えられないとしても、会社への忠誠心や使命感だけで体を張ってくれる女子社員など、ほぼ皆無だろう。そうそう都合よく自社でまかなえるようなものではないと思った方がいい。

では、いったいどうやって枕営業をするのか。

それは、「風俗接待」である。

日本からの客ならともかく、商売相手の外国人を相手に風俗とは難易度が高いと思う人もいるだろうが、外国ではお金を払って性的なサービスを受けるのはストリップか売春ぐらいしかないのだ。セクキャバ、おっパブ、ヘルス、イメクラ、ソープといった豊富なバリエーションは存在していない。日本は世界でも稀《まれ》なほどに性風俗産業が発展している国なのである。しかし、第４章でも述べたように、外国人を相手にした風俗は少ないのが現状である。

一方で、アジア圏で出会う欧米人のビジネスマンたちは、自国の性文化の縛りもあってあまり遊び方を開拓できていない。それに対して海外駐在の日本人のビジネスマンたちは、本国からの上司や取引先を接待するために日夜研究を欠かさない。

そういう意味では、相手の個性にあわせた女の子をあてがうなどは朝飯前といえるだろう。ただし、単純に女の子を用意するのでは芸がないのだと経験豊富な海外駐在員のＴさんが教えてくれた。

「実は外国人、特に欧米人たちが弱い部分っていうのがあるんですよ。連中は相手国の文化に対する尊重精神が表面上はありますあしざまに罵《ののし》ったりするのではなく、そういう文化もあるよねとあくまで紳士的に振る舞う。しかしそんなのは仮初《かりそ》めの姿です」

いったいどういうことなのか。むしろ文化的な理解がすすめば、ビジネス的には成功に近づくのではないだろうか。

「日本人的な発想から離れてみると、すごく簡単ですよ。日本の風俗では女の子を『指名』しますよね。あれがキリスト教圏の人々は衝撃なんです。というのも、キリスト教圏では女性を自由にセレクトするシステムの風俗って存在しないんですよ。それも何十人も揃えた中から選ばせるだなんて、奥さんじゃなくて神さまが許さないって言ったやつもいました」

こうやって獲得した仕事が日本経済を豊かにすることになるのであれば、ぜひやって欲しいと思う反面、欲望に国籍は関係ないのだとあらためて思わされる。

ちなみに、接待相手が日本人の場合には、一度の接待が楽しすぎて、用事もないのに訪問してくる人もいるそうなので、もてなす側もほどほどが求められるのが難しいところだ。

第6章　日本人が接点を持ちやすい海外犯罪

1　ビジネスマンの海外犯罪リスク

簡単に取引先を信用しないのが鉄則

昨今のグローバル化するビジネス情勢では、バリバリの商社マン（かつての海外出張者のステレオタイプなイメージ）でなくとも、中小企業、個人事業主もあわせて数多くの人が仕事で海外へ赴《おもむ》いたり、海外の企業と取引をするようになっている。

特に東南アジアやアフリカなどインフラ投資が盛んなエリアほど、日本人のビジネスマンが多く訪れている。それだけビジネスチャンスが転がっているということだろう。

そこで、ここでは企業人やビジネスで、海外と接点を持った時に起こりうる犯罪やトラブルについて紹介しておきたい。

代表的なところでは、近年日本からの投資が増え、アジア最後のフロンティアといわれるミャンマー最大の都市ヤンゴン。

すでに国際都市化しつつあるが、インフラ設備が追いついていないこの国では、日夜様々な施設が建造されている。しかし、大型の施設となると地元の企業だけでは請け負うことができずに国際競争入札で多くの外国企業が参加しているのだ。

日本としても、積極的にミャンマーでのビジネスを展開したい企業は多く、入札にも加わっていた。そんな状況であれば、ほかの国の企業との関係も気になってくるところ。同じようにミャンマーのインフラビジネスに参加するためには、相当に競争が厳しく、あの手この手をつかってくるという噂も耳にすることがある。

そうなると技術力を売りにしてくる日本企業は不利になる。ハイクオリティである一方で、ハイコストになってしまいがちなのが、よくも悪くも日本企業的なのである。だが、途上国での建築では技術よりも工期や予算が重視されてしまうので、日本企業が独力で競《せ》り落とすのは難しいのである。

実際、空港建設で日系企業が韓国企業に入札で競り負けている。この裏には政府関係者への賄賂や根回しがあったと地元ではまことしやかにささやかれている。

これは落札した企業を責めるわけではなく、むしろ競り負けた日本企業が甘いというのが国際的なビジネスを展開する人たちの見方だ。ビジネスをするうえでは、相手先を出し抜くために違法な手段や犯罪ギリギリな行為をするのは珍しいことではないのだ。

東南アジアをターゲットにしたビジネスを展開している日本の商社マンによれば、簡単に取引先を信用しないのが鉄則だという。

海外取引の場では情報が狙《ねら》われる

２０１４年に東芝と提携関係にある企業の技術者が、韓国企業に半導体データを不正に提供した事件が起きた。１０００億円を超える被害が想定されるということもあり、元社員によるデータ漏洩《ろうえい》やライバル企業のスパイ行為が企業に大きな損害を与えるということが広く知れ渡ることになった。同時に情報の価値が極めて大きいことをあらわしている。

とはいえ、「自分には遠い話」と当事者性の薄いビジネスマンも多いことだろう。日本国内での情報の扱いについては完全に乗り遅れている感があるので致し方ないところもある。だからこそ、海外企業は無自覚なビジネスマンから情報を入手しようと、油断している人を狙い撃ちにしてくるのだ。

たとえばシンガポールで日本企業が参加するプレゼンが行われたとき、日本企業の担当者のＫさんは情報が漏《も》れていることに気づいたという。

「韓国、中国、タイなどの企業が参加する大規模な交通システム機器の受注がかかったプレゼンだったんですが、以前に取引のあった中国の電機メーカーもプレゼンに参加していたんです。技術力からすれば難しいはずだと思っていたんですが……」

現場で違和感が確信に変わったのは、プレゼンで相手企業が提出した資料が、Ｋさんの会社が提出しようとしていた内容とそっくりだったことだ。

「どうやらうちの会社との打ち合わせで、一部技術を盗んでいたようなんです。おそらく、うちの会社と打ち合わせを繰り返すなかでのことでしょうね」

中国企業側が協力的で見積りも価格も安く出してくるので、信用したKさんたちは具体的な内容の打ち合わせを繰り返したという。その後、図面やら仕様やらの情報をつかむと「条件が合わない」などと難癖をつけて、連絡を絶つというやり方だったそうだ。

その際におそらく狙われていたのが営業担当者。技術者ではないが、情報資料を持参して交渉にあたっている。契約を結ぶことが仕事であるため、図面などをしっかりと相手に示したり、時には一部複写させたりしたそうだ。

情報を持っている当事者意識の低さを狙われた形となったものの、結果からすれば、入札は日本企業に軍配《ぐんばい》があがったという。

「さすがに精度の差は明らかでしたから。ただ、恥ずかしかったのはシンガポールの企業の担当者から『契約書を交わして金が振り込まれるまで気を抜かないほうがいい』と諭《さと》されたことですね。自社のセキュリティ意識の低さに我ながら呆れてしまいました」

この場合は技術者ではなく営業担当の社員の情報管理が甘かったということで、社内では、取引先に安易に資料を渡さずに打ち合わせ後には引き揚げることが徹底されたという。たまたま競り勝ったから良かったものの、もし相手が技術力の高い企業だったら確実に負けていたケースだと、Kさんも今後のことを懸念していた。

中年技術者の人脈を盗み出す

狙われるのは情報だけではない。人間、特に管理職なども狙われるという。盗もうとしているのは中高年管理職の人脈だと、先ほど企業の情報盗難について教えてくれたKさんも指摘する。

「窓際管理職であっても高額の報酬、高待遇を条件に引き抜きをかける企業は多いです。特に中国と韓国ですが、ほかのアジアの国の企業でも同じことは起きていますね。狙いは管理職と一緒に移ってくる製造業の職人です。彼らが持っている技術は情報と並んでニーズがありますから」

長年企業にいれば、それだけ協力会社との付き合いも増えていく。管理職一人を引き抜く条件に「周辺環境」ごと連れてきてもらうのは、アジア地域の製造業界ではよくみられる現象なのだ。

だが、本当の狙いはもっと先にある。

「予想がつくと思いますけど、引き抜いていった先の企業が本当に欲しいのは、この協力会社の人の技術だけです。時期を見計らって日本人管理職を解雇して協力会社と直接契約を結ぶのです。そうなると管理職の人も大変ですよね」

実は大胆でアナログな企業スパイ

もっと簡単で直接的な方法がとられることもあると、Kさんは指摘する。それが「マルパク」と呼ばれるやり方だ。簡単にいえば丸ごと盗むことである。実にシンプルではある。

「海外企業に日本から出向いて折衝《せっしょう》する時は、ちょっと席を外すタイミングや昼食に行く時でも油断できないんです。カバンの中から書類を持っていかれることもあるし、なかにはパソコンごと持っていかれることもあります」

このような事態に直面した際に、いくら打ち合わせ先の企業に抗議しても「知らない」と言われてしまうと、Ｋさんは苦い経験を振り返る。

「いくら外国でもさすがに警察を呼ぶまでのことはできませんよね。あくまで打ち合わせに来ているだけですから。日本の企業同士では意識したことはないのですが、アジアでは盗まれる方が悪いという考えが当たり前なんだと思い知らされます」

ブレイクタイムなどは貴重品だけを持って出て行くのが当たり前になっている日本人の感覚では考えられない、乱暴でアナログなやり方だ。さらに最近では、取引先で表示されたモニターや書類を覗《のぞ》き見て「記憶する」こともあるという。これならば盗まれたと立証することはできない。アナログでありながら高度なやり方といえるだろう。

企業の情報はアナログになればなるほど対処しにくい。人の頭の中に入ってしまえば、いかなるコントロールも受け付けないという最大のメリットがあるからだ。

このように、日本の企業を巡る情報戦争の激化は確実に身近な問題になりつつある。現代のサラリーマンはあらゆる想像を巡らせつつ、まずは自分のもつ情報の価値を正確に把握し、自衛の手段を講じるところからはじめてみるべきだろう。案外とそんな意識があなたを助け、結果として日本経済の損失を減らしていくかもしれない。

タイでの起業は甘くない

ビジネス方面で犯罪と関連するのは、大企業や国際的な取引のある会社員だけではない。昨今では海外で起業しようとする人たちも多い。

海外で起業するとなると、よっぽど準備していたとしても、簡単にバックアップしてくれる組織もない。海外でビジネスをするうえで後ろ盾となるものがないと、事件やトラブルにグッと近づく……とまでは断言できないが、かなりの高確率でトラブルに見舞われるのは間違いない。

たとえば東南アジアで日本人が起業しやすいとされているタイ。国民の教育水準が高く、人件費も日本に比べて安価、インフラの普及もめざましくビジネス環境としては申し分ない。だが、いくら環境が良くても、国が設定しているシステムが完璧とは限らない。実際、そんなよい国であっても日本人に限らず外国人が100％出資した会社を設立することはできないのだ。タイの法律で出資比率が外国人49％、タイ人51％（法人含む）の合弁会社として設立するように定められているからだ。そのためタイ人のパートナーと共同で運営しないとならない。

これがルールだからだ。だが、そうなると考えうるリスクというのが会社の「乗っ取り」である。リスクというか、タイに暮らす邦人の間では乗っ取り話はわりとポピュラーなものらしい。

タイでビジネスを展開するOさんという30代の起業家によれば、乗っ取られる会社には傾向があるという。

「日本人が顧客で日本人のノウハウだけでまわっているような会社は狙われません。それよりも飲食など地元のタイ人を相手に商売しているようなところは狙われやすいですね」

タイ人の側も日本人抜きで商売が成り立つとは考えてはいないようだ。なかにはこの面倒なタイの法人システムを逆手にとって、日本人に出資だけするように持ちかけるタイ人もいるという。

「タイ人に出資を持ちかけられて数百万の金を用意しているのに、一度も決算書を見せてもらったことのないような日本人経営者もいます」

このようにタイでの起業は甘いものではない。さらに逆手の逆手ともいう手段で海外投資を持ちかける日本人がいたりするのだから、ビジネスが甘くないのは、どこの国でも同じだということであろう。

2　犯罪都市旅行から学ぶ防犯意識

ヨハネスブルグで偽警官手品詐欺に遭遇する

海外の裏社会というとどうにもイメージしにくく、はるかに遠いイメージがあるだろうが、海外を訪れた際には誰もが巻き込まれる可能性がある。ノウハウ的に犯罪を確実に回避する方法というのは、なかなか難しい。ただし、経験から学ぶことができるのが防犯である。

そこで、少々古くなるが、２０１０年に当時世界ＮＯ・１の犯罪都市といわれた南アフリカ共和国のヨハネスブルグ（以下、ヨハネス）に滞在していたときの体験談を、海外犯罪に巻き込まれる実例として紹介しておこう。

きっかけは編集者とのこんな会話から始まった。

「ヨハネスって、めっちゃ（治安が）ヤバイって話じゃないですか。そんなところでサッカーワールドカップが開催されたらどんなふうになっちゃうんでしょうね」

「それは行って来いということですか？」

大会の開催が直前に迫った時期に、ある雑誌編集部からそんな企画を持ちかけられたのだった。嫌そうな返事をしつつも、過去にも何度か渡航歴があったことも手伝って承諾することにしたのだ。わざわざ、サッカーワールドカップ南アフリカ大会開催直前の時期を選んで行くのは、物好き以外のなにものでもない。

この当時、外務省は南アフリカに対する渡航情報を「十分注意してください」と告知していた。十分にといわれても程度がわからないが、外務省の海外安全ホームページには「殺人、強盗、強姦、恐喝、暴行、ひったくり、車上狙い、麻薬売買等の犯罪が、時刻、場所を問わず発生しています。」と掲載されている。それをふまえたうえでの編集者の「行って来い」発言にも驚かされたが、さらに衝撃が続いた。

「世界最強に治安が悪い都市って言われているわけですから、そこでどんな犯罪が起きているかってみんな興味あると思うんですよね。せっかくだから、もっと踏み込んで色々と聞いてきてくださいよ。あの有名な噂があるじゃないですか。あれを確かめてくるっていうのはどうですか?」

「ホテルに強盗が入って、女も男もレイプされたっていうやつですか」

この笑えない冗談を検証するためだけに南アフリカに行くのは気乗りしなかったが、お祭り騒ぎの前に乗り込んで取材するのは、どこか心躍るところもある。そんな好奇心が後押しをした結果、私はこの無茶な依頼を快諾したのだった。ちなみに、さきほどの「ホテル強盗の男女レイプ伝説」は、取材を経たのちに、白人主体のゲイ文化と貧困層の引き起こす凶悪事件のイメージが結びついた都市伝説であったということがわかったが、特に報告する場もなかったので、ここでお伝えしておく。

過去にヨハネスに滞在した経験から、犯罪が多発しているのは中央駅付近や長距離バスターミナル、エリスパーク（サッカースタジアム）といった街の中心部であることは把握していた。いずれも、複数の黒人たちが白昼堂々と大通りで襲い掛かってくることも珍しくない。実際に絡まれることは多かったし強盗にあった旅行者もいたので、言い過ぎということもないだろう。

この街でサッカーワールドカップが開催されるとなれば、多くの人々が訪れる。現地の情報では「アフリカ中の犯罪者が集まってきている」などという噂まで飛び交っていた。いずれにせよ、私は開催まで1ヶ月を切ったヨハネスに単身で取材を決行することになった。

日本から丸2日がかりでヨハネスブルグ国際空港に到着したのは朝5時だった。空港は窃盗や強盗が多発する場所でもある。事前に把握していた私はホテルを予約するときに迎車も予約していた。

ところが、30分、1時間が過ぎても現れない。さすがに非常識かと思ったが7時前にホテルに電話して「予約した丸山だけど」と伝える。

「MARUYAMA？　そんな予約はないよ」

「おかしいだろ。お前のところのホテルと何度か予約の確認のメールをやりとりしているぞ！」

激昂するなと言われても無理な話。こちらはまる2日かけて訪れて2時間近くも空港で待たされているのだ。ちなみに、当時は今のようにホテルブッキングサイトが発達していなかったので、直接予約のスタイルが一般的であった。テクノロジーの進歩は本当にすごいと思い知らされている。

さて、怒りを抑えながらもあらためて宿泊の予約をして、迎えに来てもらうことになった。なぜここまで車で迎えに来てもらうことにこだわったかというと、ヨハネスの交通機関でホテルに行きたくなかったからだ。

外務省も「ホテルのシャトルバス及び出迎え車両以外の交通手段を使わないで下さい」として

いるのだから、それを信じるのが国民としての正しい姿である。別に過去の滞在で痛い目をみたとかそういう理由ではない。断じてない。

そんなこんながあり、ホテルから迎えが来た頃には現地時間で朝の10時を過ぎていた。

到着したホテルはObservatory地区という場所にある。巨大なショッピングセンターのあるBruma地区と犯罪多発エリアのCITY（市街）に挟まれたエリアだ。犯罪傾向としてはカージャックが多いエリアだと在住者から教えてもらっていた。

ここを起点にして取材を開始することにした。集めていた様々なヨハネス犯罪都市伝説を検証していくと、「タクシーからショッピングセンターまでの10ｍの間に強盗に襲われた」や「何も持たなければ襲われるわけがない、と手ぶらで出て行った旅行者が靴と服を盗まれ下着で戻ってきた」など、そもそも街歩きで襲われるのかを調べる必要があった。

カメラと財布（クレジットカードは部屋に置き、パスポートはホテルに預けた）に空港で両替したランド紙幣と日本円を3万円ほどもっていた。向かったのはイーストゲートショッピングセンター。ヨハネスは車移動が基本なので、歩いているのは黒人ばかり。そこを東洋人が歩いているのだから、嫌でも目立つ。

ドキドキしながら歩いていると、黒人たちは「ハイ！」と気さくに声をかけてくれる。基本は優しい国民性なのかもしれないと思いつつ、カメラを取り出して街の風景を撮影していた。

「こんなところでカメラを出していると危険だ」

突然、目の前に車種不明の高級っぽい車が停まって、助手席のインド系の男が声を掛けてきた。ちらっと見ると運転席には同じくインド系の男が座っている。助手席の男が続けて言った。

「私は警官だ」

「？？？」

いきなりのことに面食らったものの、警官を名乗られた以上は無視するわけにもいかず、「何の用ですか」と、丁寧に応じた。

「私たちは警官でこのあたりをパトロールしているんだ」

「はあ、そうですか」

会話をしながら観察すると、仕立てのよいスーツに身を包んでいる。年の頃は50歳ぐらい。ワールドカップトロフィーのピンバッジをつけてＩＤカードを提示してきたが、こちらが確認するまえにそそくさとしまってしまった。

「サンキュー」

よくわからないままお礼を言ってその場を立ち去ることにした。謎のやりとりが謎のまま終わるものと思っていると、わずか5分ほど歩いたところで急転することになる。

この男を乗せた車が再び私の横につけてきた。そして、助手席の男は先ほどとは一転した厳しい口調で私に迫ってきた。

「ストップ！」

「あ？」

何の冗談かと思い、無視して進もうとすると、車から腕を出して私の手首をつかんできた。

「おまえは中国人だろう。中国の金を見せて見ろ！」

そのまま車に乗るように指示してきた。押し問答を続けても、私の手首を離してくれる様子もない。この場でことを荒らげても仕方ないので後部座席に座ることになった。こうしてあっけなく身柄を拘束されてしまったのだが、ヨハネスでは偽警官によるカージャックや強盗被害のニュースも事前に知っていたので、警戒心を解くことはなかった。

「あなたの名前は？　もう一度、ＩＤを見せてほしい」

黙っているのも癪《しゃく》に障《さわ》るので男たちに質問をしたが、一切答えてくれることはなかった。

「俺はチャイニーズではない。日本人だから話すことはない」

きっぱりと否定しても、再度、私のことを「お前はチャイニーズだ」と決め付けてくる。しまいには「中国と日本はセイムカントリー」と言い、驚きの要求をしてきた。

「持っているチャイニーズマネーを出せ！」

さすがにおかしいと思った私は英語がわからないふりをして「わからない」を連発し、逃げるふりをしてみた。すると、奴は自分の財布から中国元札を取り出した。

「これを出せ」

かなり強気で迫ってきたが、持っていないものは持っていない。

「あるわけないだろ。だいたい中国人だったらどうだっていうんだ」

「サウスアフリカには多くの中国人がいる。しかも中国人のマフィアが偽札を作っている。だから調べているんだ！」

いくら力説されても中国元なんて持っていないのだから、どうしようもない。私は自分の財布を取り出し、札入れを広げて見せた。

「ここに入っているのは南アフリカの金と日本円だけだ」

「見せろ！」

そう言って奴は私から財布を強引に奪い取り丹念に見だした。金が抜き取られていないかをチェックするため凝視していた。私の視線に気がついた男は、突如、まるで手品師のような動きで私に1万円札を眼前に示した。続いて財布のなかのレシートやランド札をまとめてつかみ、二つに折ってひっくり返したのだ。

「はあ？」

この時点ではいったいなにが起きているのか、まったくわからなかった。レシートとランド紙幣を財布に戻し、さらに札入れの一番手前に1万円札を戻し、財布を返してきた。怪しいと思ってなんとなく財布を確認しようとすると、今度は「携帯電話を見せろ！」と言ってきた。

しかも、私のポケットに手を突っ込んで、携帯を無理やり奪い去り勝手にいじり始めようとしたので、我慢も限界に達した。

「なにすんだよ！」

声を出すと同時に携帯を奪い返し、日本語で怒鳴り声をあげた。一瞬、連中の動きが止まった。その隙を見逃さずに私は車を降りた。助手席の男が追いかけてこようとしていたが、運転手が奴を制しているようだ。

そこまで確認して、その場を立ち去った。しばらく歩いていると急に冷静になってきた。いったいなんであの連中はあんなことをしたのだろう。そう思うと急に不安になり、財布の中を確認してみた。

すると1万円札が入っているはずのところに、10ランド札が3枚（約30円）挟まっている。あり得ない展開だが、何度確認しても10ランド札が挟まっているだけなのだ！

何度確かめても間違いない。いったいどういうことなのか。いくら思い返しても財布を奴に触られた瞬間以外にはありえない。まるで、こちらの目の錯覚を利用したマジックを使ったかのようだ。

負け惜しみに聞こえるかもしれないが、私はこれまでこの手の詐欺に引っかかったことはない。むしろ目の前でチェックさせることで乗り切ってきたのだ。それほど自分の動体視力に自信を持っていた。

どう考えてもあの瞬間以外にありえない。滞在して何日かたっていれば勘違いの換金ミスということもあるだろうが、初日で出発の際に財布に入れた金額なので間違いようもない。

この当時は気が付かなかったが、タイのバンコクあたりで定番の「日本円見せてください詐欺」の手口に似ている。通行人が日本語で話しかけてきて、理由をつけて「日本のお金見せてください」と言ってくる。もし、素直に日本円の紙幣を見せると小額紙幣にすり替えられたり、財布から抜き取られているというやり方だ。小額紙幣へのすり替えは同じなのだが、シチュエーションや暴力的なやり口が違ったので、なかなか気がつけなかったのだ。

実際、当時の私はどうにも納得がいかず、結局、日本大使館に連絡をとることにした。実は日本から出発する直前に、在南アフリカ共和国日本大使館で働くGさんという人にコンタクトをとっていたのだ。ホテルに戻りGさんに電話で今回の顚末《てんまつ》を説明すると、「その事例は聞いたことがないですね」とのこと。どうやら、日本人で引っかかったのは私が初めてのようだ。

Gさんによると、中国人が絡んだトラブルは多発しているとのことで、実際の数は不明だが、公式には現在30万人の中国人がいるといわれているそうだ。連中の話もまんざら嘘というわけでもないようだ。中国人たちは雑貨商やパン屋など、とにかく手広く商売している。ところが、ほとんどの中国人が英語を操ることができず、彼らをターゲットにした事件が後を絶たないのだとか。

「つまりですね、丸山さんを中国人と区別できずに詐欺に引っ掛けた可能性が高いということですね」

「マジっすか⁉　納得いかないな……どこかで補償とかってしてもらえるはずはないですよね」

「さすがに、それは保険の範囲ですし、警察に行ってもらうなどの手続きは最低限必要ですよ」

「今回は取材なのでそんな余計な時間もないんですよね。1万円のために丸1日を費やすなんてできなさそうなんですよ」

「それだと仕方ないというか、あきらめてもらうしかないですよ。あ……ちなみにですが、ちょっとお願いがありまして」

「なんです？」

この時点であきらめに支配されていた私にとっては、どんなことを言われようとも心がぴくりともざわつくことはない。

「偽警官事件は多発している犯罪のひとつですから、日本人の方は十分に注意してください。しかも南アフリカで日本人の認知度は極端に低く、中国と同じ国の人と思われているようです。中国人に間違われて丸山さんのようなトラブルに発展するケースもあるでしょう。ただ……」

「まわりくどいですね。いったい何なんですか」

どうにも腑《ふ》に落ちないところでGさんが申し訳なさそうに言った。

「今回の事例なんですが、もしよろしければ、大使館として注意勧告の事例に加えたいのですが。申請書を送りますので、記載して返送していただけませんか」

こうして日本人として初めて引っかかった詐欺事件の事例として掲載されることになってしまった。しかし、金を盗まれたことに納得できないというか、認めることができない私は、いまだに申請用紙を手元に置いたままである。

犯罪多発エリアCITYを歩く

「CITYに行きたいんだけど」

ヨハネスに滞在していたのは、偽警官詐欺で思い悩むためではない。気分を切り替えて本来の取材を進めることにした。

いざ、街歩きをしようと思ったのだが、日本からガイドやコーディネーターを手配しなかった（できなかった）ため、ホテルの人間に直接交渉して車を出してもらうことにした。

声をかけたのは、クリスという大柄な黒人だった。希望した取材コースは、犯罪多発エリアとして知られるヨハネスブルグ中央駅付近や長距離バスターミナル、エリスパークに加えてサッカーシティー（旧FNBスタジアム）だった。

CITYの中心への道中、車内から観察していると当然ながらあちこちに黒人が立っている。それもなにをするでもなく、10人以下の小規模集団でたむろしている感じだ。そいつらを中心にCITYのあちこちで危険な空気が充満しているのがわかる。このあたりの治安がどれほど悪いとされているのかをあらわす旅行者の間で有名だった格言がある。

駅から半径200mは強盗にあう確率150％（一度襲われてまた襲われる確率が50％）

こんなことを聞いて、わざわざ行ってみようと思う奴はもはや襲われても文句なんて言えない。ただし、それは外国人の話であって、ここで暮らしている地元民はいったいどう思っているのだろう。世界の端っこ（南アフリカ視点からすれば）の国から、物好きが確かめにくるほどの危険な街に住んでいるのだから、なんらかの不満ぐらいは溜まっているのではなかろうか。

「ジョーバーグ（ヨハネスの地元での略称）は、もう安全なのか？」

クリスに問いかけるとニンマリとした表情を浮かべて言った。

「これから見せてやるよ」

どうやら、私のような危険を確認しようとする手合には慣れているのだろうか。やけに楽しそうな返事だ。実際、クリスは運転中、終始ゴキゲンだったりした。ほどなくして、ＣＩＴＹの中心部に到着した。

このエリアにあるヨハネスブルグ中央駅付近や長距離バスターミナルは、ワールドカップ観戦旅行にきたら、訪れるであろうポイントだ。

「この駅はインサイドならノープロブレムだ」

クリスは気軽に言ってくるが、このエリアこそが多くの旅行者が強盗の被害にあっている危険地帯とされている。しかも過去の滞在で私も何度か危ない目にあっている。ただ、そのときも今回の滞在と同じように雇っていた現地ガイドがすぐに助けに入ってくれて大事にならずに済んだ。

駐車場に車を停めて歩くが私以外に外国人の姿はない。どこを見渡しても東洋人など目に入ってこない。かなり目立つ存在であることは間違いないだろう。

ここで注意しておきたいのだが、日本と同じ感覚で電車やバスの駅をとらえないほうがいい。この国に限らず、アフリカでは金のある人間は自家用車で移動し、遠出するときには飛行機。公共交通機関で移動するのは、必然的に低所得者層だけなのだ。

前出の在南アフリカ共和国日本大使館のGさんは「公共交通機関は、はっきり言って『ない』と思ってください」と言っていた。大使館員がここまで断言するのは、相当なものだと思ってもらっていい。

とはいえ、駅構内には銃を持った警官やセキュリティーが配備されているので、一応は安心できるが、一歩でも外に出ると大破した車がそのまま放置されているのが目に入る。ガード下にさしかかると薄暗いなかに黒人たちがたむろしている。こんなところに日本人旅行者が来たら、いつ襲われても仕方ない状況だ。試しに薄暗い道を指差して運転手のクリスに尋ねた。

「クリス、あれは？　行っても大丈夫かな？」

「メイビー」

困ったように笑いながら答えた。南アフリカ人の国民性として、いい加減で気のいい人が多いように感じていたが、これほど信用のできないメイビーは聞いたことがなかった。よほどの理由がない限り、地元の人が「安全」と断言しないような場所に興味本位で近づくのは、避けたほうがいいだろう。

３　知らないとヤバイ海外麻薬事情

多くの観光客に売りつけられる「ヤーバー」

海外にいて巻き込まれたり、誘惑に負けて手を出してしまう可能性がある犯罪といえば薬物だろう。日本では厳罰に処される関係もあってか、国内で現物に触れることはほとんどないだろう。そんな薬物耐性がマックスに弱い日本人は、意外な落とし穴にハマる可能性がある。

まず海外に出た日本人が驚くのは、麻薬との接点の多さである。街角に立っている人が客引きをするかのように声をかけてきたり、ホテルマンが売り込んできたりする。地域差はあるが、発展途上国ではよくあることだ。

アメリカやヨーロッパなど先進国ともなればもう少しは警戒するが、地元の人と仲良くなって入手したいといえば、比較的容易に売人まで辿り着くことができる。

次に驚くのは単価だ。わかりやすいところでマリファナを例にすると、ジョイントと呼ばれるタバコ状に巻かれたマリファナが日本で買えば４０００～５０００円するのに、原産国ならば20

〜30円で入手できる。エンドユーザーの多い先進国だけでなく中継地となる地域でも、500円〜1000円ほどである。そのため、「こんなに安くて簡単に手に入れられるなら……」とか「地元の人たちもやっているなら」と、油断や好奇心から手を出してしまうのだ。

「ゆるい空気に流されて」

私の古い友人でバンコクでマリファナばっかりするようになった男は、手を出した動機としてこんなことを言っていた。大した理由もなく手を出してしまえる環境というのが、海外で気をつけることでもある。

ここでキレイ事を言っても仕方ないのであえて言わせてもらえば、マリファナ程度であっても違法ではあるし、逮捕されれば大きな罪に問われることもある。所持している量や目的によっては、一生服役したり極刑を科されることもある。それほど、中国や東南アジアなどのエリアは麻薬に対する罰則が厳しいのだ。

しかし、中毒性という意味では、経験則的には比較的低い。ここでいう比較は、昨今流行している日本ではあまり見ないタイプのドラッグと比べてである（絶対値ではなく、個人差もある）。当然ながら、長期的な使用で廃人になったり、感染症に侵されている奴だっている。あくまで比較対象の意味である。

その日本では珍しいドラッグとは「ヤーバー」である。タイの若者を中心に流行して社会問題化している錠剤型の覚せい剤である。見た目は、タマ（ＭＤＭＡ）である。知らない人はラムネの粒をイメージしてもらえばいいだろう。覚せい剤と粗悪な混ぜ物で作られていることから、効果には幅があり、服用するとすぐに意識がぶっ飛んでしまうということも珍しくない。

昨日今日できたわけではなく、１９７０年代にはタイ国内でもすでに問題視されるほど流行していたのだが、最近では安価なパーティードラッグとして再び注目を浴びている。

「問題なのは日本人が錠剤タイプのドラッグに馴染《なじ》みがないということですね。麻薬といえばマリファナ、覚せい剤といえば注射器ぐらいの知識でいるのがほとんどじゃないですかね。最近事件化してさかんに報道された危険ドラッグなんかも、モノ自体の形をわかっている一般市民はほとんどいないのが実情じゃないかな」

ドラッグ事情に精通した人物に話を聞いたところ、様々な注意点が見えてきた。まずもって観光客が売人に直接接触することはないし、ドラッグを入手するのに売人と会う必要がないことがトラブルの種になる。というのも、バンコクのような観光都市では風俗産業が充実しており、そこで働く人間たちのなかにはドラッグに手を出す者も多いからだ。そういう場所で遊ぶ観光客であれば、容易にドラッグを入手することができる。

「今夜は遊ぶ気がしない」

「それなら別の遊びをしないか。いいものを用意できるぞ」

かつて筆者がバンコクの風俗店の前にいたボーイと話していたとき、彼の返事がまさに薬物のそれだったのだ。結局その日はドラッグも女も買うことはなく過ごしてしまったが、多くの観光客に売りつけられるのが、先ほどから説明しているヤーバーなのである。

麻薬の運び屋になる日本人

さて、このヤーバーのようなドラッグの場合、何に気をつけるべきなのか。それは知らないうちに所持させられることだ。だが、酒に薬を盛られて所持品を盗られる昏酔強盗のようなものと違って、所持品にドラッグを紛らせていったいどんなメリットがあるのだろうか。

「タイには密告制度があります。麻薬の売人だけではなく、所持者を報告することで警察から報奨金をもらうことができるのです。ほかにも警察とグルになる美人局《つつもたせ》スタイルで賄賂を要求してくることもあるのです。ひどい連中になると、賄賂を払わなかった腹いせに逮捕させてしまうということもあるんですよ」

さきほどの事情通の知人は、このように警戒を怠《おこた》るなと警告してくれた。

売人と接点がなくとも意外と簡単にドラッグに触れる場面もある。

たとえば、風邪薬やせきどめシロップなどが代表例だが、たとえ海外では薬局やコンビニで売られていたとしても、日本国内には持ち込めない。覚せい剤に含まれる麻薬成分と同じものがあったりするので、罪に問われることもあるので注意が必要となる。

また、バックパッカーが多く集まるラオスのヴィエンチャンあたりでは、マリファナ入りのピザやマジックマッシュルームのシェイクがレストランで堂々と売られている。さすがに違法な商品ではあるが、貴重な観光収入のひとつとして地元では黙認されているのだ。

わかっていて食べたとしても、トリップしてしまえば前後不覚になってしまう。わからずに食べたりしたらパニックに陥《おちい》ってしまうかもしれない。そのためかホテルでは、チェックインからチェックアウトまでパスポートを預けるシステムが一般的になっている。

ある意味では慣れているのと、トリップ料理に手を出す者がいかに多いのかを示している。トリップすることに興味を抱いた人もいるだろうが、あくまで旅の恥はかき捨ての要領で、海外での出来事を日本に持ち込もうとは思わないことだ。

ドラッグを持ち運ぶことは自覚の有無に関係なく罪に問われる。1994年と2009年にフィリピンとマレーシアに覚せい剤を持ち込もうとした日本人が死刑判決を受けているし、有期刑だけなら大きなニュースにならないだけで、少なくない日本人が世界各地の刑務所に服役している。

ここで紹介したことに限らず、日本人が海外で薬物密輸や輸入代行に、知らぬ間に手を貸してしまうというケースが増えてきているので注意してもらいたい。

4　裏社会途上国の犯罪リスク

犯罪者が未成熟なゆえに危険なカンボジア

海外で巻き込まれやすい犯罪といえば、詐欺、美人局、ドラッグなどを除けば窃盗や強盗が大半だろう。そんな代表的な犯罪をする連中のなかにもルールがあるが、カンボジアだけは例外だという。その結果、カンボジアで日本人が巻き込まれる犯罪は凶悪化している。

世界遺産となっているアンコール・ワットや首都のプノンペンを訪れる旅行者は多く、周辺国を旅行したついでにカンボジアによる外国人もいる。もはや東南アジア旅行の定番コースとさえいえるだろう。

それだけ世界中の人たちにとっても馴染《なじ》みのある場所のはずなのだが、２０１３年には日本人女性旅行者が銃撃され負傷する事件や、日本人男性が射殺される事件まで起きている。国際的なテロで日本人が巻き込まれて死亡する痛ましい事件は過去にも起きているが、日本人が純粋な物盗りのような犯罪に巻き込まれて死亡する事件は、実はそれほど多くないのだ。多くの国では、犯罪に巻き込まれて殺されたりするのはそれなりの理由があるし(フィリピン１６３ページ参照)、強盗被害にあいやすい場所というのも存在している（南アフリカ181ページ参照）。

では、カンボジアではなぜこのような日本人が襲われる事件が起きるのか。

それは犯罪者の未成熟さにある。

カンボジアは30代以上の人口比が小さい。かつてポル・ポト率いるポル・ポト派（クメール・ルージュ）によって100万～200万人もの人々が虐殺されてしまったからだ。つまり、犯罪者としても成熟しているはずの30代以上の大人が少ないため、若い犯罪者も手探りなのである。

冒頭でも触れたように、犯罪者には犯罪を実行するためのルールがある。本来であれば、街中で強盗するのに拳銃を持つ必要はない。脅かして金品を入手すればいいだけだからだ。犯罪者はなるべく早くに現場から立ち去らなければならない。逮捕されることはもちろん、自分たちが容《よう》赦《しゃ》なく警察から発砲されるリスクもある。銃を持っていればなおさら射殺されるリスクは高くなってしまう。しかも外国人相手に発砲すれば、犯罪の取り締まりは厳しくなり、結果として犯罪者自身の首を締めることになりかねない。それなのに外国人を襲ってしまうのは、アンダーグラウンドの犯罪ルールがうまく継承されていないからともいえるのである。

こうした現状はプノンペンを旅行した人のみならず、在住者からも「以前に比べて格段に危険な空気を感じる」といわせるほどである。おかしな言い方だが、裏社会の人間にも犯罪者としての自覚をもってもらいたいものだ。

途上国の常識──車は急に止まらない！

過去の海外取材で感じたことのなかに、途上国の車の運転が異様に荒っぽいというのがある。タクシー運転手やローカルのドライバーならば、申し訳ないが交通マナーが日本とは違うのだろうと納得がいくというものだろう。

だが、私が経験したのは想像を超えるものであった。友人にインドネシアで、そこそこ偉い役職についている商社マンCさんがいる。アジアでの駐在経験が豊富で、少々のトラブルには動じないような人である。以前インドネシアを訪れた時に、Cさんと一緒に彼専属のドライバーが運転する社用車に乗せてもらったことがあった。

「さすがですね。運転手付きの車で移動なんて出世されていますね」

「こっちじゃ普通ですよ。むしろ公共交通機関を使ってトラブルでも起こされたら大変ですから」

「ドライバーは現地の人を採用しているんですよね。東南アジアのドライバーってどこか運転が荒っぽいイメージがあったんですけど」

率直に疑問を口にしながらも、専属ドライバーを雇う目的はすでにわかっていた。というのも、海外で日本人が運転する車が事故を起こしたら、それこそ会社としては厄介事になってしまう。賠償はもちろんだが、捜査や裁判の間、人材を失ってしまうことになるからだ。だからこそ、金で解決できる現地人のドライバーを雇うのは常識であるのだ。

「この運転手で何人目かな。とにかく日本式のサービスとまではいいませんが、ある程度丁寧に対応するように教育してきたんですよ。過去の連中はどうにもうまくいかなくて、全員辞めていただきました。渋滞のひどいジャカルタでは、移動時間は私の貴重な睡眠時間になりますからね。きちんと運転してもらわないと困ります」

そんな会話を重ねながらジャカルタ市内をドライブしていると、前方に人影が見えた。薄暗くてわかりにくいが警官のような制服を着ており、白バイのような車両もうっすらと見えている。

「あ、Cさん……」

警察が居ますよと言いかけた瞬間だった。

「GO！」

Cさんが叫ぶか叫ばないかのうちに、運転手が一気に加速したのだ。呼吸がばっちり合っている。

車両は警察官2人を回避しつつ抜き去った。数秒してからCさんは何事もなかったかのように向き直った。

「ドライバーはですね、会社が雇うんですよ」

「いや、そうじゃなくて、さっきの警察じゃないですか」

「もちろんです。だから避けてきたんです」

「わかっていて『GO』って指示出したんですか？　ドライバーの兄ちゃんはCさんの指示を聞

く前にアクセルを踏み込んだようにも感じましたけど」

「だって常識ですもん」

警察であろうとも信用出来ない。それは、過去の海外取材で何度も経験してきたことだ。私の場合タクシーなどで移動することが多く、車両検問のようなところで引っかかるということはほぼなかったが、警官が正当な理由で車両を止めてくるとは限らない。

「あいつらみんな、ただ小遣い稼ぎするために難くせつけて罰金とるだけですよ。それもポケットに入っちゃうんだから払う必要どころか停まってやることもないですね」

「だからさっきみたいに抜き去るように言ったわけですね」

「はい。途上国だと常識ですし、私のように外国人が乗っている車両なんかだと、いくらふっかけられるかわかったもんじゃない」

こともなげに言い放った。

警察でなくても、なにかあっても車を停めるなというのは、考えてみれば、世界中で比較的ポピュラーなルールなのだ。

「オーストラリアではカンガルーが飛び出してきて急停車すると大事故につながるから、むしろ轢《ひ》き殺せと言われるんだ」

バンコクで知り合ったオーストラリア人の若者が言っていた。南アフリカでは、路上に飛び出してきた人間を跳ね飛ばしても決して停まるなというのは常識だった。事故よりも強盗団が体を張って車を停めにきている確率のほうが高いというのだ。おまけに信号も守る必要はなく、対向車にぶつからなければ赤信号でもそのまま進んでいいという。路上で減速したり一時停車するのは、強盗団の獲物にしてくださいというようなものだと現地の人にも教えられた。

実際、私もヨハネスに滞在中、車が信号待ちをせずに交差点を突っ切るのを何度も見たし、信号が停電して機能していない交差点であっても、なんの混乱もせずに車両は流れていた。きっと慣れているのだろうと思った。

車両に関しては、とにかく慣れというのが重要である。Ｃさんの車に同乗したことで、ひとつ勉強になったと思うのである。

5　国境を越えた出会いから奈落の底へ

出会い系アプリをターゲットにした悪質な犯罪

男女の出会いがすでに国境を越えているというのは、国際的な出会い系サイトなどを利用している人にはもはや常識だろう。これまで出会い系サイトなどというと、あとから高額請求がきたり、会員登録しただけでスパムメールが大量に届くなど、決して良い評判ばかりがあったわけではない。むしろ良い評判のほうが少ないだろう。

ところがこの出会い系事情がスマホアプリの登場で劇的に変化している。無料で登録でき簡単に出会えるのだ……と思いきや、とんでもない事件が現実に起きた。

外国人女性からセクシー画像を送られ、「あなたも送って」と迫られて、自分の裸や恥ずかしいメッセージを送ったりしているうちに突然連絡がつかなくなり、まったく知らない男から「お前の個人情報はすでに抜き取った。恥ずかしい写真を公開されたくなかったら金を払え」とメールが届いたりするというのだ。

また、2015年8月には世界的な不倫サイト「アシュレイ・マディソン」をハッカー集団が攻撃。結果として会員情報3200万人分のデータが公開されてしまった。このサイトに蓄積されていた個人情報のなかには、性癖についても細かくされていた。おかげで自殺者が出てしまい世界的な問題になっている。ちなみにハッカーたちは不倫サイトの閉鎖を迫ったというが、ユーザーたちにとってはとんだとばっちりというところだろう。

ほかにも、ビデオ通話アプリをダウンロードしたら、実はスマホのデータを抜き取るアプリだったりする事例などもある。

現在、世界的に出会い系アプリをターゲットにした犯罪がみられる。これらのような現象は、セクストーション（性的脅迫）と呼ばれている。

この事件が悪質なのは、男の側の下心という落ち度が確実にある点だ。出会いを求める男に下心がないはずがないのだ。心のすき間に入り込むのは本当に悪質極まりない。まだまだ海外のことで自分には関係ないと思っている人も安心はできない。

２０１５年4月には不正アプリで個人情報を抜き取りユーザーを脅迫しようとした男たちが千葉県で逮捕されている。この事件は不正アプリをダウンロードさせて電話帳のデータを抜き取り、エロ動画を交換の名目で送信させてから脅すという、ここまでに述べた典型的な手口だ。

セクストーションは意外なほど広がっている。こうした詐欺や恐喝の被害も恐ろしいが、本当に恐ろしいのは、データが永遠に存在し続けることだ。たとえ犯人が逮捕されたとて、ネット上のどこかにいつ流出するかわからない状態で置かれていないとも限らない。いまのご時世、一度でもネットに流れたデータを完全に削除することは不可能に近い。たとえ削除依頼したとしても、出会い系アプリなどが、そもそも日本で運営しているとも限らない。

では、国際的な出会い系アプリが全部偽物なのかといえば、実はそうでもない。私の後輩には、こうしたアプリを駆使して旅先で必ず1人以上の女の子と出会うことをノルマにしている者もいるからだ。そいつにこのような事件のことを伝えると、意外な答えが返ってきた。

「海外の出会い系は、メッセージとかビデオチャットなんかでエロい話とかしたらダメですよ。自分の年収とか知的水準とかを示さないと相手にもしてもらえません。肉体関係のある相手となったらエロいやりとりもできますけど、会ったこともない相手を信用してエロ写真を送るなんて論外ですよ」

出会い系とはいえ、その道にはそれなりのルールというか、基本があるようなのだ。だからこそ、自分で決めたルールを持っておくことだ。ルールを逸脱するようなメールには返事をせず、過度な登録を必要とするアプリはダウンロードしないとか、事前にカスタマーレビューをチェックするなど最低限必要な防衛線を張っておくべきなのだ。

参考までに実際に私のところに届いた出会い系アプリのメッセージがこれだ。

Hello,Gonzaresu! How are you? My name is Kate, I live in Ukraine, its Europe,Odessa city. I study in college to be hairdresser. Never marrid,no kids. I like Japanese woman kimono. What about you? Happy weekend!

ざっくりとだが訳してみると……
こんにちは、ゴンザレス。お元気？
私の名前はケイト。ウクライナに住んでるの。ヨーロッパのオデッサ市（?）
大学で美容師の勉強をしてて、未婚の子無しよ。
日本の着物が好き。
あなたはどうなん？
良き週末を～

業者が考えたとしては、あまりに稚拙《ちせつ》。そして、仮に釣りでなかったとしても、日本でジャーナリストをしている私が着物好きの美容師志望のウクライナ人と仲良くなれるとは、到底思えない。冷静に考えればそうなのだが、このメールに返信するかどうか。そこが運命の別れ道となるのだ……きっと。そう考えているうちに、週が明けると、すでに彼女のページは削除されてしまっていた。きっと、恥ずかしがり屋なのだろう。

ある日本人女性の悲劇

国境を越えた出会い系で悲劇に見舞われるのは、出会い系アプリを使う男性ばかりではない。女性とてターゲットとなる。代表的なのはフェイスブックなどのSNSである。わかりやすく説明するために実例を紹介しておきたい。

都内在住のTさんという30代の女性がトルコ在住のイケメンにコンタクトされたことからはじまる。

「最初は英語以外の言語を習得したいって思いました。ただの好奇心なんです。現地の人と仲良くすれば、それだけで言葉がうまくなるって甘く見ていたんです。それにSNSなんて、いざとなればログアウトしてアクセスしなければ問題ないって……甘く見ていたんですよ」

海外に暮らす人とも気軽に繋がれるところに、SNSの果たす役割というか、メリットがあるのはいうまでもないだろう。Tさんもビデオ通話で男性とコミュニケーションを重ねていった。最初は言い回しを直してもらったり、トルコで流行している新しい単語を教えてもらうなど、順調な間柄だった。

しかし、言葉の能力が向上したことで、相手の求めていることも見えてきたという。それはエロい会話であった。

「悪い気はしなかったんです。少しずつ会話が通じていく喜びでテンションがあがっていたこともあるし。だから、調子に乗っていたんでしょうね。ビデオ通話するときに少しずつ服装を薄手にしたり、胸のボタンを外して胸元を大胆に見せたりとか。そんな私を見て照れる彼がたまらなく可愛くて……イケメンが私を見て反応するのがとにかく嬉しかったんですよ」

このTさん、旦那も子供もいる専業主婦。子供を若くして産んだため、すでに子育てからはほぼ解放されていて時間だけはあったそうだ。その空き時間の全てをトルコ人男性に費《つい》やし、さらにはビデオ通話での大胆な挑発。心のバリアが決壊するのは目前になっていた。

「子供の夏休みに主人の実家に行くことになっていたんですが、私だけ残るって言ったんです。その期間に友達と旅行に行くことにしたんです。主人は子供と2人だけで実家に行くことが嬉しそうで、特に興味もなさそうでしたね。でも今にして思えば、いちばん家族に興味が持てなくなっていたのは私だったんですよ」

彼に会うためにチケットを取得し、単独でトルコへと渡った。1週間の短い滞在のはずだったのだが、現実はそう簡単ではなかった。

「到着してすぐに彼が迎えに来てくれて家に連れて行ってくれたんです。それからは毎日、ずっと求められました。最初から避妊なんてせず、何度も中に出されました。幸いというかピルを飲んでいたので妊娠の心配はなかったんですけど……結局、家から出してもらえることもなく、毎日彼にされるがままでした」

完全に弄《もてあそ》ばれていると思うが、本人はどのように感じていたのか。

「さすがにこの関係に愛はないって思ったんです。それで、日本からホテルをとっていて、一度そっちにチェックインしないと怪しまれるからって彼に言って、ホテルに行ったんです」

とっさの機転というよりも、とにかく現状から脱出したいということでの苦しい言い訳だが、トルコ人男性も変なトラブルにはなりたくないようで、しぶしぶ承諾してくれたそうだ。

「ホテルではさすがに監禁されることもありませんでしたが、気がつけば帰国の日です。私もすっかり熱が冷めて、日本に残してきた家族のことばかりを考えるようになっていました。でも彼は私を日本に帰したくないって言って、家に連れて行こうとするんで……結局、彼がトイレに行った隙に最小限の荷物だけを持って空港に行きました。途中彼からは何度もメッセージや着信がありました。心は揺れませんでしたが、彼のメッセージに交じって日本にいる子供からのメッセージが届いていて……涙が出てきました」

空港について、そのまま逃げるように帰国したTさんだったが、事態はこれで終わりではなかった。

「私が旅行していたことは伝えていましたが、海外ということまでは話していませんでした。長年の夫婦ですから、すでに関心がないんだろうぐらいに思っていたのですが、そうじゃなかったんです。夫は私がトルコに行くことも、男の部屋に泊まることも知っていたんです。バレたのはフェイスブックでした。私は彼のことを何も投稿していませんでしたが、彼が私の情報をリンクさせたり、日本の友達などにもコンタクトしていたんです」

SNSのツールとしてのメリットが完全に裏目に出た形で、Tさんの国境を越えた恋物語は旦那さんの知るところとなった。このまま離婚かと思いきや、旦那さんからの提案は予想外のものだった。

「離婚するのも仕方ないと思っていたのですが、彼が出してきた条件は、今回の旅行で使った費用弁済と慰謝料を支払うことでした。それが払い終わるまでは家政婦として家に同居を許すと。もし、私がお金を払い終わったらどうなるのか……。考えたくないですね」

こうしてTさんは、トルコでもらった性病を治療しながら針のむしろのような環境で生きていくことを選択した。フェイスブックには触れてもいないそうだ。

監禁の危機を乗り切った機転も、日本での難問を解決するまでにはならなかった。

それでも無事に帰国できただけでもよしと考えるか、あのままトルコにいたほうがよかったのか、それは考えるまでもないだろう。
越境恋愛のもたらす結末が常に幸せなものではないという事例となった。

おわりに――「日本人」が狙《ねら》われる世界になるから……

外国人犯罪をテーマにするにあたって、特別な取材をしたわけではない。いつもやっていることや知っていたことから、海外や外国人に接点がある部分だけを切り取ってきた感じである。というと、私がものすごく国際派であるかのようだが、実際はそうでもない。むしろ、「外国との距離が近くなった」のではないかと思うのだ。

もちろん、海外と日本の物理的な距離が縮《ちぢ》まったわけではなく、インターネットによって国境に関係なく入手できる情報が増加したり、共有しやすくなったということである。さらに航空ネットワークの展開によって、人やモノの移動しやすさは明らかに高まっている。

国際交流が促進されることは多くの人にとって歓迎されることだろう。しかし問題なのは、犯罪に必要な情報や違法な品物が、この流れの中に含まれてしまっていることだ。

海外や外国人を身近に感じるということは、その裏側に隠された犯罪とも近づいている。それを知らずに、無防備に悪意をもった相手に近づいていくなんてことが起きるかもしれないし、無警戒な外国人に悪意の塊《かたまり》となった日本人が近づく、という逆現象もまたありえる。

国境をまたいだ凶悪犯罪は悲劇でしかないので避けたいところだが、すでに現実となって起こっているのだ。

２０１５年、ペルー人のナカダ・ルデナ・バイロン・ジョナタンが埼玉県熊谷市で6人を殺害した容疑で逮捕された。２０１３年、吉祥寺でルーマニア人と日本人を含む少年グループに20代の女性が殺害された。

日本人が外国人を殺害したケースで有名なのは、２００1年にイギリス人のルーシー・ブラックマンさんが神奈川の洞窟でバラバラ遺体になって発見された事件、逃亡犯として有名になった市橋達也《いちはしたつや》によって殺害されたリンゼイ・アン・ホーカーさん事件など、列挙したら際限がない。

舞台を外国に移してみると、２０１５年9月にインドネシアのジャカルタで現地日系企業に勤める20代の女性がセキュリティの強化された自宅高級マンションで警備員に殺害される事件が起きている。ほかにも日本人が強盗目的で殺害される事件は欧米、アジアなど地域に関係ない。

こうした事件は、「たまたまいたこと」が原因であることが多く、不運としかいいようがない。だが、いやま日本人であることが明確にターゲットにされてしまう理由となることが懸念されているのだ。

２０１５年10月3日、バングラデシュで日本人男性が殺害され「ＩＳＩＬバングラデシュ支部」を名乗る組織が犯行声明を出し、日本人を含む外国人をターゲットにすると宣言した。

日本政府が対ＩＳＩＬの戦いに参加を表明（もしくは、そのようにＩＳＩＬ側が判断）したことが殺害理由となったとの見方もある。すでにＩＳＩＬにはジャーナリストの後藤健二《ごとうけんじ》さんらが殺害されており、今後、日本人の血が流れないかなんて、もはや誰にもわからない。

「そういうのは、危ないところに行く人だけでしょ」

大げさに私が警告していると受け取った人からはこのように突っ込まれそうだ。確かに少々煽《あお》っているところはあるかもしれない。

だが、テロ事件にいつ、どこで巻き込まれるのかなんてわからないうえに、気がついたら当事者になっていたなどということもありえる話なのだ。


以前、イスタンブールで乗り込んだ飛行機が離陸から2時間後に引き返したことがある。まったく理由が説明されないまま飛行機から降ろされて、入念なボディチェックや手荷物検査がなされた。何が起きているのかもわからないままのんきに丸々一日待っていたが、実はこのとき機内で爆弾を仕掛けたとするメモが発見されていた。これだけなら「イタズラでしょ、不運だったね」で片がつくが、私の搭乗機と同時刻に出発したサンパウロ行きの機内からも同様のメモが見つかっていたのだ。

海外ではそれなりに大きく報道されていたのだが、日本では犠牲者が出ていないこともあってニュースにもなっていなかった（と思う）。実行されなかったとはいえ、私はテロリストか、それと同種の悪意の持ち主と同じ機内に居合わせたことになる。それなのに、自分が置かれている状況にほとんど気づけずにいた。

誰にでも起こりえる危険や犯罪があり、それは、血が流されるまで自分が当事者であるとわからないことが大半だ。自分や大切な人を守りたいなら、見えない部分も含めて世界で何が起きているのかを知っておくべきだろうと思う。

本書がそういった見えない部分を探るヒントになれば、著者としてこれ以上光栄なことはない。

2015年11月

丸山《まるやま》ゴンザレス

著者略歴

一九七七年、宮城県に生まれる。ビジネスにも裏社会にも精通する犯罪ジャーナリスト。國學院大學大学院修了。日雇い労働や測量会社を経て、ビジネス書出版社で編集をする傍ら、裏社会を取材。主な取材・執筆分野は、裏社会、猟奇殺人、都市伝説、古代遺跡の盗掘や遺物の贋作など多岐にわたる。筆名で、丸山佑介もある。

著書には『アジア「罰当たり」旅行』（彩図社）、『アジア親日の履歴書』（辰巳出版）がある。丸山佑介名の著作として、『図解　裏社会のカラクリ』『裏社会の歩き方』（以上、彩図社）、『悪の境界線』（文庫ぎんが堂）、『ガレキ』（ワニブックス）、『ブラック・マネジメント』（双葉社）、『そこまでやるか！裏社会ビジネス』（さくら舎）などがある。

人気番組「クレイジージャーニー」（TBSテレビ系）に出演中。

闇社会犯罪《やみしゃかいはんざい》　日本人《にほんじん》VS.外国人《がいこくじん》

——悪《わる》い奴《やつ》ほどグローバル

二〇一五年一二月七日　第一刷発行

著者　丸山《まるやま》ゴンザレス

発行者　古屋信吾

発行所　株式会社さくら舎　http://www.sakurasha.com

東京都千代田区富士見一-二-一一　〒一〇二-〇〇七一

電話　営業　〇三-五二一一-六五三三　FAX　〇三-五二一一-六四八一

編集　〇三-五二一一-六四八〇　振替　〇〇一九〇-八-四〇二〇六〇

写真　丸山ゴンザレス

装丁　石間　淳

印刷・製本　中央精版印刷株式会社

ISBN978-4-86581-037-0